新商科本科实践教学体系的构建与探索

以工商管理专业为例

何建佳　张　峥　于茂荐◎著

Construction and Exploration of
Undergraduate Practice Teaching System
Under the Background of New Business

上海财经大学出版社

图书在版编目(CIP)数据

新商科本科实践教学体系的构建与探索:以工商管理专业为例/何建佳,张峥,于茂荐著.—上海:上海财经大学出版社,2021.5

ISBN 978-7-5642-3750-9/F·3750

Ⅰ.①新… Ⅱ.①何…②张…③于… Ⅲ.①工商行政管理-教学实践-高等学校 Ⅳ.①F203.9-42

中国版本图书馆 CIP 数据核字(2021)第 058448 号

□ 责任编辑　杨　闯
□ 封面设计　张克瑶

新商科本科实践教学体系的构建与探索
以工商管理专业为例

何建佳　张　峥　于茂荐　著

上海财经大学出版社出版发行
(上海市中山北一路 369 号　邮编 200083)
网　　址:http://www.sufep.com
电子邮箱:webmaster@sufep.com
全国新华书店经销
江苏凤凰数码印务有限公司印刷装订
2021 年 5 月第 1 版　2021 年 5 月第 1 次印刷

710mm×1000mm　1/16　14.25 印张　204 千字
定价:48.00 元

序

　　作为社会学科的工商管理学科需要始终追随经济社会发展的脚步。在数字经济时代,随着人工智能、区块链和大数据等新兴技术与实体经济的深度融合,各类工商企业的生产模式、组织形态、管理模式正在发生深刻的变革。"新商科"概念呼之欲出,在"新商科"背景下需要对原有人才标准、教学目标、教学方式、课程体系以及人才培养模式进行调整。因而,探索新商科教育范式、培养数字经济时代的"新商科"人才,不仅是学生职业发展的需要,而且是国家数字经济时代人才供给的需要。

　　新商科是对传统商科的发展和新认识,可以概括为以下三点:第一,新商科体现了新技术的融合。在数字经济时代,各种新兴技术正在改变企业的产品形式、生产方式、内部沟通模式和组织管理模式。新商科教育应主动响应技术的变迁,了解相关技术,探寻适应新技术的商业模式和组织管理模式,适应技术融合的转型需要。第二,新商科体现了学科融合。传统商科教学主要为金字塔式的科层结构,培养以职能为导向的专才。新商科应该在继承传统商科知识结构的基础上,打破管理学科的知识壁垒,融合多种学科,形成新的知识结构模式。第三,新商科体现了产教融合。传统商科教学注重知识点和理论的灌输,但忽视了学生实践能力的培养。新商科教育应该通过多层次产教融合,推动商科教学内容、课程体系和教学方法的变革。

　　根据新商科全新培养模式要求,上海理工大学管理学院工商管理系构建了新的人才培养目标,面向智能制造企业,培养具有国际化视野和创新精神的复合型、实用型高级管理人才。实践教学体系的重构是完善新商科人才培养目标的重要支撑环节。我们构建了五位一体的工商管理专业实践教学体系，其中优秀人才培养计划是本专业探索和实施本科人才培养模式的创新尝试。

我们希望本书的出版能对同仁有所启示。我们也深知人才培养是一项持续改进、不断创新的系统工程，希望借此书能吸引更多的管理人关注管理专业的实践教学，共同推进国内工商管理专业的教学水平和人才培养质量。

编者

2021 年 3 月

前　言

随着我国经济进入高质量发展阶段,企业和社会对商科类人才培养提出了更高的要求,在此背景下,工商管理专业必须进行课程体系和教学模式的变革以适应时代发展需求。作为一门应用性学科,工商管理专业所培养的人才不仅能了解理论,更重要的是具备运用理论知识解决实践问题的能力。但这一能力的培育在教学资源投入、课程安排和考核上均未被充分重视。可喜的是,上海理工大学管理学院工商管理专业的同仁们,针对实践教学领域存在的突出问题,持续思考、不断创新,将实践教学融入整个人才培养体系中,构建了包括课堂实践类、优秀人才培养计划类、社会实践类、专业实习类和毕业论文五大类别的实践教学体系,支撑新型商科人才培养目标。

本书全面介绍和总结了上海理工大学管理学院工商管理专业在实践教学上的相关成果。首先,介绍了工商管理专业的培养特色、培养目标、培养计划,基于培养目标构建了五大类别的实践教学体系。其次,介绍了由优秀创新创业人才培养计划、优秀学术人才培育计划和优秀人才(国际)领导力培养计划三部分组成的优秀人才培养计划。再次,介绍了工商管理专业的专业实习和实践类课程。然后,介绍了毕业设计课题导读这一毕业论文的先导性课程。最后介绍了工商管理专业的毕业论文。

本书是对工商管理专业教学改革探索的一次集体展示,体现了实践教学的知行合一思想。也希望借此吸引更多管理人关注管理专业的实践教学,共同推进国内工商管理专业教学水平的提升,为处在数字化转折期的中国企业输送优秀管理人才。书中若有不当之处,恳请大家给予批评指正。

何建佳承担了本书第二章、第三章、第四章的写作,张峥承担了第一章的写作,于茂荐承担了第五章、第六章、第七章、第八章的写作。周洋老师对本书第七章有重要贡献,在此表示感谢。本书是上海理工大学管理学院工商管理系全体教师对实践教学探索的结晶,在此对全系同仁表示深深的感谢。

本书是上海市级一流本科专业建设点"工商管理(中美合作)"、上海高校课程思政领航计划项目、上海理工大学课程思政示范专业建设的阶段性建设成果,得到了国家自然科学基金面上项目"产业互联'智造'供需网的结构、演化及其动力学研究"(项目编号:71871144)、上海理工大学科技发展项目"基于供需网的产业互联模式及其合作优化研究"(项目编号:2020KJFZ046)等项目的资助,也感谢上海财经大学出版社的鼎力支持,使本书得以与读者见面。

编者

2021 年 3 月

目 录

序/001

前言/001

第一章　专业发展与人才培养方案顶层设计/001
 第一节　专业发展概况/001
 第二节　"新商科"下专业发展的新机遇和挑战/003
 第三节　人才培养方案的顶层设计/006

第二章　工商管理专业人才培养目标/009
 第一节　工商管理专业人才培养定位/009
 第二节　工商管理专业人才培养方案/013

第三章　工商管理专业实践教学的改革与探索/019
 第一节　工商管理实践教学的重要性分析/019
 第二节　工商管理专业实践教学体系的构建/021

第四章　创新人才培养计划的实施/038
 第一节　创新人才培养计划介绍/038
 第二节　优秀创新创业人才培养计划/039
 第三节　优秀学术人才培养计划/048
 第四节　优秀人才(国际)领导力培养计划/064

第五章　工商管理专业的专业实习/085
 第一节　专业实习的目标与方式/085

第二节　毕业实习的内容/088
第三节　毕业实习日志与实习报告/093
第四节　专业实习管理和成绩评定/096

第六章　工商管理专业的实践类课程/099
　　第一节　财务成本管理课程设计/099
　　第二节　ERP 沙盘推演实训/112

第七章　工商管理专业的毕业论文导读/120
　　第一节　毕业论文导读的目标与时间安排/120
　　第二节　毕业论文导读的内容安排/121
　　第三节　毕业论文导读考核与成绩评定/136

第八章　工商管理专业的毕业论文/138
　　第一节　本科毕业论文的基本结构/138
　　第二节　毕业论文的题目拟定/144
　　第三节　毕业论文摘要的撰写/149
　　第四节　毕业论文的正文/152
　　第五节　毕业论文的修改/180
　　第六节　毕业论文答辩/184
　　第七节　本科毕业论文的过程控制体系/195

附录 1　工商管理系毕业论文管理实施细则/203

附录 2　毕业论文预答辩意见表/212

附录 3　毕业论文盲审评语表/213

附录 4　中期检查总结报告/214

附录 5　上海理工大学学生创新基金管理办法/216

参考文献/219

第一章 专业发展与人才培养方案顶层设计

第一节 专业发展概况

一、工商管理专业发展的历史沿革

工商管理专业是上海理工大学设立较早的专业之一,专业名称早期称为企业管理。其渊源可追溯到 20 世纪 20 年代沪江大学的商业管理系。1988 年,以沪港台三地沪江大学校友为主体与上海机械学院合作成立了新的"城中区商学院",商业管理作为该院下的一个重要学科得到了迅速发展。1994 年,正式以国际企业管理专业名称招收首届本科生。1999 年,根据国家新的专业目录调整,将国际企业管理专业改名为工商管理专业。2000 年开始招收企业管理专业硕士研究生;同年春季,获准与美国北达科他大学合作办学。2006 年,商学院与管理学院、MBA 教育管理中心重组成立新的上海理工大学管理学院,工商管理专业隶属于工商与公共管理系;同年起开始招收技术经济及管理专业硕士研究生和劳动经济学(人力资源管理)专业硕士研究生;2011 年,取得工商管理一级学科硕士学位授予权,2019 年开始招收旅游管理专业硕士研究生。2012 年工商管理专业从工商与公共管理系脱离单独设系,并一直延续发展至今。

目前工商管理系设有工商管理(中美合作)、工商管理(创业管理)、工商管理(市场营销)、工商管理第二专业和工商管理第二学位五个本科专业;具有工商管理一级学科硕士学位授予权,拥有企业管理、劳动经济、技术经济及管理、旅游管理四个二级硕士点;承担了 MBA、MPA、MEM 等专业硕士点及管理科学与工程一级学科博士点的教学和科研工作。

二、师资团队、科研与服务

工商管理系有着良好的研究基础和创新性文化,吸引着国内外知名院校高素质研究人员不断加入。现有专职教师 24 人,其中:教授 2 人(博士生导师 2 人)、副教授 14 人,具有博士学位的 21 人。形成了一支学历层次高、年龄结构科学、学缘结构合理、知识结构多元化、研究方向特色鲜明的高水平教师队伍,在行为管理制度、高管团队和创新创业管理研究等领域有着重要影响,承担了大量国家级和省部级重点课题。同时,在探索创新理工科院校学生专业综合素质特色的培养模式上,做了许多有益的创新尝试,为社区发展及地方经济建设服务方面做出了显著贡献。

工商管理专业的教师团队学术思想活跃、科研创新能力强,在多个科学研究和社会服务领域取得了丰硕成果。近几年来在《Applied Mathematics & Information Sciences》《Journal of Business Ethics》以及《管理世界》《系统管理学报》《南开管理评论》《管理工程学报》《管理评论》等国内外权威学术期刊上发表学术论文 300 余篇;共承担国家级课题近 20 项,以及大量的省部级和纵向课题。在强调人才培养与科学研究的同时,亦强调社会服务,在金融、航空、交通、轨道交通、港口机械、科创中心、自贸区、政府、企事业单位等行业和单位为社区发展及地方经济建设服务方面做出了显著贡献,建立了良好的口碑。

三、工商管理系目标、方略、方针

(1)工商管理系的目标:以学科建设为龙头,以人才培养为中心,以国际化为平台,育一流人才、出一流成果、创一流效益,建国内知名、高水平、和谐的工商管理系。

（2）工商管理系的方略：教学立系、科研强系、服务活系。

（3）工商管理系的方针：应用研究与理论研究并重、教学与科研并重、质量与效益并重。

四、人才培养

工商管理系注重社会经济新形势下理工特色的综合型人才培养模式改革与优化。为此，既强调遵循教育内部关系规律，即以所设专业的培养目标与培养规格为参照基准，调整所设专业的培养方案与培养途径，借此使人才培养模式中的诸要素更为协调与匹配，并最大限度地提升人才培养质量与人才培养目标之间的拟合度；又强调结合学校理工科背景，依托理工科优势，在遵循教育规律的基础上，以社会及市场需求为参照基准，以全面发展、创业创新能力、国际化视野为准绳，优化专业设置结构及调整专业培养目标与培养规格，从而使人才培养能够更好地适应社会经济发展的需要，为社会输送优秀人才。多年来，工商管理专业及相关教师已为国家与社会培养了一大批本科、硕士、博士、博士后及 MBA、MPA、MEM 专业硕士等各类各层次的优秀人才，并已在其中涌现了一批优秀的学者、企业家及政府官员等杰出人才。

第二节 "新商科"下专业发展的新机遇和挑战

一、"新商科"概念的提出

自 19 世纪末沃顿商学院为商科教学拉开序幕至今，商科教学始终在追随经济社会的发展脚步不断进行自我革新。目前第四次工业革命风云突起，人工智能、区块链和大数据等新兴技术与实体经济深度融合，各类工商企业的生产模式、组织形态、管理模式都在发生深刻的变革。在此背景下，我们急需对商科教育范式进行革新，"新商科"的概念由此应运而生。2018年,教育部高教司司长吴岩提出启动新工科、新医科、新农科、新文科建设,随后一批高校陆续围绕"新时代、新商科"的概念、内涵和实现路径举办主题研讨会。

2018年12月14日,高等院校新商科建设与国际化联盟成立大会在北京外国语大学图书馆举行。会上中央财经大学国际商学院书记葛建新认为:"新商科"要在现有商科发展的基础上,回应科技、社会、经济所带来的挑战,目前,商学院已经有了变革的必要性。

2019年3月30日下午,"新商科:概念、内涵与实现路径"研讨会暨教育部高等学校工商管理类专业教学指导委员会在上海对外经贸大学举行。在此次会议上,与会专家对于新商科的内涵和外延进行了深入讨论。上海对外经贸大学齐佳音教授认为,"新商科"要体现为四"新",即"新思维""新规则""新理论""新工具"。相对于传统商科的人才培养,"新商科"是对原有商科教育思维的变革,需要改变教育者原有的人才培养认知模式。"新商科"人才应该关注最新的平台经济等商业模式的发展规模,对工业互联网和平台经济的知识理论体系进行深入挖掘和总结,并且要将课程内容体系和商业实践活动进行对接,以满足新时代人才培养的要求。总体来看,"新商科"人才要体现复合型、创新型和应用型特征。"新商科"理念下,高校商科专业要解放思想,调整思路,加强内涵建设,进行教学创新、资源创新、人才创新,确保人才培养紧密契合新商业时代的用人需求。

二、"新商科"的特征

虽然管理学界对"新商科"的概念尚未形成一致看法,但对于"新商科"的特征,大家的认识趋于一致。

第一,"新商科"体现了新技术的融合。在以大数据、人工智能、移动互联网、云计算、区块链为代表的新兴技术的驱动下,企业的商业模式日趋复杂,平台经济和工业互联网兴起,商业的发展和驱动因素需要从生态系统的角度出发进行深入思考。商业资源从单点、局部、有限、低水平的优化,向多点、全局、无限、高水平优化,体现出智能化的明显特征。物联网的发展推动万物互联到万物智能,新技术、新模式、新产业带来了大量的新岗位,企业的生产方式、内部沟通模式和组织管理模式都在发生着深刻变革。而传统商科教育以职业能力为导向,学生的知识结构不够完善,所以需要在传统商科知识结构体系中融入移动互联网、大数据、物联网、云计算、人工智能等现代科学技术知识,使商业活动打破空间障碍和距离阻隔,也促使商科成为更加便捷、精准的学科。

第二,新商科体现了学科融合。近年来学科发展的一个重要趋势就是学科间的融合。不同学科间的交叉、融合和渗透也是商科专业发展的必然趋势。商科不仅要实现经济管理学科内部的融合发展,而且要向经管大门类之外的学科学习借鉴和交叉融合。新商科要与人工智能、脑科学、认知科学和心理学等学科深度交叉融合,加强人工智能与计算机、控制、量子、神经和认知科学以及数学、心理学、法学、社会学等相关学科的交叉融合,实现人才跨学科交叉培养。而传统商科教学主要为金字塔式的科层结构,培养以职能为导向的专才。新商科通过课程体系的融合,构建创新性的人才培养体系,打破学科间的知识壁垒,融合多种学科,形成新的知识结构模式。

第三,新商科体现了产教融合。传统商科教学注重知识点和理论的灌输,但忽视了学生实践能力的培养。新商科教育应该通过多层次产教融合,推动商科教学内容、课程体系和教学方法的变革。通过对实践培养模式的创新,提升学生的批判性思维和创新意识,帮助学生掌握新的商业技能、培养学生树立数据思维和新商业思维,以满足数字经济时代的社会需求。通过理论实践衔接、线上线下混合、课内课外融合、校内校外产教研合作、境内境外实习等多途径全方位的人才培养模式,综合提升新商科人才实践能力。在培养学生掌握基础实践知识、核心实践能力、延伸实践素养等不同目标层次下,开发不同的实践培养项目,实现人才培养目标的达成。

第三节　人才培养方案的顶层设计

一、"新商科"人才培养特色的重新定位

人才培养目标是指"所培养人才应该达到的标准,是培养人才的规格和方向"。当前,商科院校学科同质化严重,多数专业的人才培养只关注专业特性,而并未考虑专业人才培养的独特优势。因而,众多院校的工商管理专业的培养目标相似度较高,对学校名称更换即可通用,人才培养缺乏特色。随着"互联网＋"的深入推进和"新商科"理念的提出,专业培养方案的制订应该考虑如何树立专业的独特竞争优势,主动与学校的优势学科和行业背景相连通,培养对接市场的有特色的商科人才。工商管理系结合学校在装备制造业的深厚底蕴、国际合作办学传统和创新创业人才的雄厚经验,在制订新的人才培养计划时将国际化办学、面向智能制造、双创人才培养三个方面作为人才培养特色。

二、培养方案的重新制订

人才培养方案是专业建设的核心和首要环节,是根据教学理论和专业要求,对人才培养目标、培养要求、课程结构、教学内容、进度计划、考核评价等各环节要素进行综合设计而形成的纲领性文件。人才培养方案直接影响专业内涵建设的效果,如果人才培养方案制订失当,课程结构设计不合理,学生的知识结构不完善,学生能力就和社会的岗位需要不匹配。但目前国内高校人才培养方案的制订者主要是专业教师、专业负责人和教务管理部门,社会参与度不高。

但是在"新商科"理念下,商科专业在制订人才培养方案时必须考虑国家、地区和行业的发展战略规划和学校的学科发展优势。在具体制订人才培养方案时,可以通过毕业学生调研、行业调研、产业调研合作等方式展开。在课程设置、课时分配、考核标准上充分考虑新兴技术的发展要

求、行业的需求等方面,增强人才培养方案的科学性和适应性。工商管理系在进行人才培养方案制订时,在学科基础课程中增加了 Python 程序设计、程序设计及实践(C)等信息技术类课程。在专业课中,按照智造管理和国际领导力两个模块进行了课程扩展。智造管理类课程模块包括人工智能与智能制造概论、生产与运作管理、工程知识管理、Data Mining(数据挖掘)、大数据文献阅读等课程。国际领导力课程模块包括高级交际技能英语、国际贸易原理、绩效与薪酬管理、多边贸易规则与管理实践、国际金融、领导力与团队管理、外贸函电等课程。上述课程完善了学生在智能制造和国际领导力方面的知识结构,与人才培养特色相对应。

三、实践教学体系的重构

重视实践教学是新商科的重要特征。而传统商科教学普遍重视理论教学,忽视实践教学,因而工商管理系为了适应新商科的人才培养要求,对实践教学体系进行了重新设计。

第一,三个课堂协同发力,助力学生实践能力的提升。"第一课堂"即课堂教学,借鉴翻转课堂的理念,将课堂的主动权由老师还给学生,通过启发式和引导式教学促使学生进行主动思索,发现问题的结论,进行管理结论的总结。"第二课堂"积极组织学生参加各种创新创业和实践类活动,培养学生的创新意识和动手能力。工商管理系连续几年组织了各种形式的创新创业大赛,有效提升学生的实践能力。"第三课堂"是指学生的校外实习活动(包括国外交流)。利用实习基地和学校中外办学的平台,实现学习从课内向课外延伸,实践从校内向校外延伸,范围从国内向国外延伸。通过三个课堂的协同,工商管理系构建了全方位和全过程的育人体系。

第二,设立创新人才培养计划。新商科时代的人才培养还要结合学生的个性进行。为此,工商管理系创新性地设立了优秀人才培育计划。通过优秀人才培育计划可以扩大学生的知识领域,开阔学生的国际化视野,培育学生的创新和创业能力。优秀人才培育计划分为优秀创新创业人才培养计划、优秀学术人才培育计划和优秀人才（国际）领导力培养计划。优秀创新创业人才培养计划可以培养学生的创新精神和团队合作精神；优秀学术人才培育计划可以培养学生的学术研究兴趣，通过课题参与取得初步研究成果；优秀人才（国际）领导力培养计划旨在依托专业的中美合作办学背景，培养学生的国际化视野，使他们成为国际化人才。通过创新人才培养计划，工商管理系助力学生的个性化成长，为不同兴趣和职业方向的学生提供专门化培养方案，实现全员育人培养体系。

第三，增加实践类课程比重。改变传统商科教育实践类课程较少的局面，借助国家级的经管实验中心，专业开设了大量实践类课程：综合物流模拟实验、第三方 B2B 电子商务综合实训、国际化竞争与运营策略模拟实训、人力资源管理实验、MATLAB 应用、EDI 模拟实验、现代营销综合实训、ERP 沙盘推演实训等。通过实践类课程不仅锻炼了学生的动手能力，而且提升了学生对管理理论的认识层次，激发了学生进行管理理论学习的兴趣。

第四，加强产教合作。新商科的人才培养需要体现产教融合的特点，实现课程内容和技术发展的对接、教学过程和生产过程的对接、人才培养和产业需求的对接。因此，工商管理系加强了与企业的合作。一方面，通过企业合作建立实习基地，为学生提供实践教学的机会。通过企业合作了解企业的人才需求，为人才培养计划的动态更新提供依据和参考。另一方面，借助管理学院建立产业学院的东风，实现产教融合。管理学院和上海曼恒数字技术股份有限公司、上海地铁维护保障有限公司、立信会计师事务所等企业联合成立产业学院。借助这一契机，工商管理系也努力突破传统路径依赖，面向人才培养对象所服务的产业与行业，充分发挥行业企业优势资源对人才培养的促进作用。

第二章 工商管理专业人才培养目标

第一节 工商管理专业人才培养定位

一、新商科背景下工商管理专业的发展定位

工商管理专业是上海理工大学较早成立的专业之一,专业名称早期为企业管理。1994年招收了首届本科生,专业名称为国际企业管理。1999年国家进行了学科门类的调整,专业名称定为工商管理。专业从2000年开始和美国北达科他大学合作办学,该项目得到了上海市教委和国家教育部批准。目前工商管理专业拥有工商管理一级学科硕士授予权,是上海市一流本科建设专业。为了响应社会经济发展变化和企业管理模式的变化,适应新商科背景下人才培养的需要,上海理工大学管理学院工商管理系持续对人才培养定位进行探索和变革。工商管理专业的办学特色体现在国际化办学、面向智能制造企业、"双创人才"培养三个方面。

(一)国际化办学

(1)国际化办学历史悠久。早在1979年,管理学院的前身——系统工程系和系统工程研究所即开展了国际化办学。1979年12月,学校与美国麻省理工学院斯隆管理学院正式签订校际合作协议,这是改革开放后上海市最早的中外合作办学项目。1981年,学院与麻省理工学院等美国、加拿大高校合作,开始举办全英文授课 MBA 项目;1983 年,美国《华尔街日报》发表专题报道,认为"此举开创了中国 MBA 教育的先河"。

(2)通过 AACSB 国际认证。管理学院于 2018 年 5 月通过 AACSB 认证,这标志着上海理工大学成为大陆地区第 20 所、上海市第 6 所(前 5 所为中欧国际工商学院、复旦大学、上海交通大学、同济大学、上海财经大学)及非教育部高校第 1 所通过 AACSB 国际认证的大学。AACSB 于 1916 年成立于美国,由哥伦比亚大学、康奈尔大学、哈佛大学、纽约大学、西北大学、伯克利大学加州分校、芝加哥大学等 17 所知名大学商学院联合发起,总部设在美国佛罗里达州坦帕(Tampa,Florida)。经过百年的发展,AACSB 的规范与评价标准已成为全球管理教育的权威性标准。鉴于它的权威性,世界各地的商学院都以能通过它的认证为衡量自己办学水平的重要标准,全球仅有不到 5% 的商学院获此殊荣。通过 AACSB 国际认证后,学院也在不断开展国际学术合作交流以及与国内企业单位的合作,为学生提供更多的国际化学习环境和海外深造的机会,注重培养学生的实践能力和对现代社会需求更好的适应能力。在高质量的教育环境下,通过系统地培养,我们的毕业生在未来的职业生涯里也将会得到更大的机遇和发展空间。

(3)中美合作办学专业。本专业的美方合作学校为北达科他大学。北达科他大学创建于 1883 年,位于美国北达科他州大福克斯市(Grand Forks),北达科他大学是美国官方认可的具有法学和医学专业研究生院的 47 所公立大学之一。北达科他大学共有 8 个学院(航空、艺术与科学、工商与公共管理、工程与矿业、法学、医学与保健科学、护理学、教育与人类发展学院),87 个本科专业、59 个硕士专业、24 个博士专业,共拥有学生约 13 000 名。《美国新闻与世界报道》把北达科他大学评为"全美二百大"之一,被美国卡内基教育促进基金会评为全美百强大学之一。目前工商管理专业超过 30% 的学科基础课和专业课程由美方教授授课。每学期平均有 3 名美方教师来学校进行授课,所选用的教材均为美方提供的英文原版教材,授课一般在 6~8 周内集中完成,并进行考试。每门外教课程会配备中方助教一名，以方便联系和学生的管理。目前工商管理专业正在积极申报"上海高校示范性全英语课程建设备案专业"，助力国际化示范学院建设。专业的国际化建设也吸引了大批国外留学生在本专业学习。

（二）面向智能制造企业

上海理工大学具有雄厚的工程行业底蕴，被誉为"制造业的黄埔军校"。在装备制造和医疗器械领域具有深厚的学术积累和行业结合经验。动力、光学工程和管理科学与工程等相关学科在教育部学科评比中居于国内领先地位。2015年我校与清华大学、西安交通大学、同济大学等联合发起成立"中国制造2025智能工业创新联盟"。与南京工业大学、浙江工业大学、江苏大学、安徽工业大学共建"长三角高等工程教育联盟"。另外值得一提的是，上海理工大学在制造业拥有深厚的人脉，如上海理工大学中机上海斯隆商学院在1997—2004年先后举办了七期"现代企业经营与战略管理"高级经理培训班，培训了国有大型企业集团高中层管理人员近200人[绝大多数是国有大型企业集团的一把手，如：中国第一汽车制造集团、中国第一重型机械集团、上海电气（集团）总公司等]。丰富的校友资源，为本专业的学生实习和就业提供了便利。

在这一氛围中成长起来的工商管理专业，也不断在学校的工程教育海洋中汲取营养，融合发展。工程"智造型"是本专业最鲜明的特色，也是与国内大多数工商管理专业的不同之处。

（三）"双创人才"培养

上海理工大学的创业教育始于2002年，2009年经上海市教委批准，学校决定依托工商管理专业招生工商管理（创业班），这也开了国内将创业作为第一专业的先河。创业班的办学经验得到了上海市和教育部的认可。基于创业班办学经验形成的《"三结合、三递进、三协同"构建创新创业教育体系的探索与实践》一文获得上海市教委教学成果特等奖，国家教学成果二等奖。工商管理系教师开设的"大学生创业基础——知行合一学创业"课程被评定为国家首批精品在线课程。管理学院教师开设的"生产与运作管理"课程获批2019年第一批教育部产学合作协同育人项目立项。专业拥有国家首批创新创业优秀指导师一人。

目前工商管理（创业班）已经毕业三期，涌现出卯申宝（获玖富战略投资300亿元）、林绘、段毅均等一批优秀的具有创新精神的企业家。学生创业项目"奇怪果园"完成了千万级A轮融资，目前已在20个城市近300所高校拥有20万用户量。依托于丰富的创新创业资源，工商管理（中美合作）专业也注重对学生的创新创业能力的培养，仅2019年专业学生就在国家级和省部级创新创业大赛中获得各类奖项近10项。尤其是工商管理系2016级的刘闱青同学所参与的"微塑创新——全球最优效果运动场景影像5G实时传输系统开创者"项目夺得2019年"互联网＋"大学生创新创业大赛金奖，这是上海理工大学首次在中国"互联网＋"大学生创新创业大赛总决赛中斩获金奖，也是上海市市属高校高教主赛道金奖零的突破。

二、专业人才培养目标

工商管理是管理学中覆盖面较宽的一级学科。本专业与美国北达科他大学联合办学，使该专业既有工商管理学科的一般特征，又具有与国际接轨的特点。

本专业面向经济中最广泛的工商领域，以企业为服务对象，以企业的经营活动为主要研究内容，培养掌握现代化管理基础理论、知识和技能，懂经济、会管理，懂国际商务、善经营，既有较高的综合管理能力，又有多项职能管理能力的复合型、实用型高级管理人才。

三、毕业要求

工商管理方向的学生应掌握现代经济、管理理论与方法，具有工商管理专业知识与技能，熟悉我国企业管理的有关政策法规以及国际商务的规则；具备良好的英语表达能力并能熟练使用计算机，要求学生达到大学英语四级和计算机应用二级水平；具有较强语言、文字表达和人际沟通、协调的基本能力，要求学生具备在各类工商企业（包括高新技术企业）、金融机构、咨询公司、投资公司、事业单位和各级政府部门从事经营管理、财务管理、人力资源管理、市场营销、投资决策、国际商务活动等工作所需的知识和技能。修满培养计划规定的185.5学分方能毕业。

第二节　工商管理专业人才培养方案

一、核心课程

管理学原理（英）、人力资源管理（英）、战略管理（英）、财务管理A、生产与运作管理（英）、市场营销学、创新管理、创业学、智慧物流与供应链管理、人工智能与智能制造概论（英）、领导力与团队管理（英）、工程知识管理（英）。

二、学制与学位

本专业学制四年，按照学分制管理，实行弹性学习年限（最长六年）。授予管理学学士学位。

三、课程设置及学分要求（共185.5学分）

（一）通识教育课程（共56.5学分）

课程组	课程代码	课程名称	学分	总学时	建议修读学期	考核方式	要求学分
1	39000030	思想道德修养与法律基础	3.0	48	1	考查	16
	39000050	中国近现代史纲要	3.0	48	2	考查	
	39000040	马克思主义基本原理概论	3.0	48	1	考查	
	39000060	毛泽东思想和中国特色社会主义理论体系概论（Ⅰ）	2.0	32	1	考查	

续表

课程组	课程代码	课程名称	学分	总学时	建议修读学期	考核方式	要求学分
1	39000070	毛泽东思想和中国特色社会主义理论体系概论（Ⅱ）	3.0	48	2	考查	16
	39000010	形势与政策（Ⅰ）	1.0	16	1	考查	
	39000020	形势与政策（Ⅱ）	1.0	16	2	考查	
		小计		16			
2	同通识教育课程"军体类"第Ⅱ组课程						4
3	15001110	综合英语(1)	6.0	96	1	考试	20
	15003710	大学英语综合技能训练(四级)	2.0	32	1	考试	
	15001120	综合英语(2)	6.0	96	2	考试	
	15001132	综合英语(3)	4.0	64	3	考试	
	15004040	英语技能综合训练(六级)	2.0	32	3	考试	
		小计		20			
4	1000010	军事理论	1.0	36	1	考查	2.5
	41100010	军训	1.0	2周	1	考查	
	31000050	学生体质健康标准测试	0.5	8	1～7	考查	
		小计		2.5			
5	综合素养类课程	创新思维与创业实践			3～7	考查	4
		人文经典与文化传承			3～7	考查	4
		艺术修养与审美体验			3～7	考查	2
		全球视野与文明对话			3～7	考查	2
		科学探索与持续发展			2～7	考查	2

注："综合素养类"课程修读办法请参见校通识教育课程。

（二）学科基础课程（共 64 学分）

课程组	课程代码	课程名称	学分	总学时	建议修读学期	考核方式	要求学分
	13006960	管理学原理(英)	3.0	48	3	考试	13

续表

课程组	课程代码	课程名称	学分	总学时	建议修读学期	考核方式	要求学分
1 学科基础课程	13006970	基础会计(英)	3.0	48	3	考试	13
	13006980	微观经济学(英)	3.0	48	3	考试	
	13006990	宏观经济学(英)	2.0	32	4	考试	
	13004010	管理统计学	2.0	32	4	考试	
		小计	13				
2 学科基础理论	22000210	高等数学 A(1)	6.0	96	1	考试	21
	22000621	线性代数 A	3.0	48	2	考试	
	22000220	高等数学 A(2)	6.0	96	2	考试	
	22000172	概率论与数理统计 B	3.0	48	3	考试	
	13002332	运筹学 B	3.0	48	4	考试	
		小计	21				
3 学科主干课程	13001360	经济法基础	2.0	32	3	考试	14
	13000051	财务管理 A	3.0	48	4	考试	
	13001820	市场营销学	3.0	48	4	考试	
	13007000	组织行为学(英)	2.0	32	4	考试	
	13007010	人力资源管理(英)	2.0	32	4	考查	
	13007020	战略管理(英)	2.0	32	6	考查	
		小计	14				
4 拓展课程	12004060	Python 程序设计	3.0	48	2	考试	12
	12002000	程序设计及实践(C)	3.0	48	2	考试	
	13007030	数据库基础(英)	3.0	48	2	考试	
	13007040	管理信息系统(英)	3.0	48	3	考试	
	13007050	电子商务概论(英)	3.0	48	3	考查	
		小计	15				
5 实践课程	13100511	数据库课程设计 A	2.0	2周	短1	考查	4
	13100140	财务成本管理课程设计	2.0	2周	短3	考查	
		小计	4				

(三)专业课程(63 学分)

课程组	课程代码	课程名称	学分	总学时	建议修读学期	考核方式	要求学分
1 专业基础课程	13003990	创新管理	2.0	32	5	考查	6
	13007070	智慧物流与供应链管理	2.0	32	6	考查	
	13007060	创业学	2.0	32	7	考试	
		小计	6				
2 拓展课程(智造管理)	13007080	专业英语(智能制造)	2.0	32	5	考试	14
	13007090	人工智能与智能制造概论(英)	2.0	32	5	考查	
	13007100	生产与运作管理(英)	3.0	48	5	考试	
	13007200	Python 商务数据分析与决策(英)	3.0	48	5	考查	
	13007110	工程知识管理(英)	2.0	32	5	考试	
	13007120	公司治理(英)	2.0	32	6	考试	
	13005600	Data Mining(数据挖掘)	3.0	48	6	考查	
	13006900	大数据文献阅读(英)	2.0	32	7	考查	
		小计	19				
3 拓展课程(国际领导力)	15005160	高级交际技能英语	3.0	48	4	考试	11
	13007130	国际贸易原理(英)	3.0	48	5	考试	
	13007140	绩效与薪酬管理(英)	2.0	32	5	考试	
	13007150	多边贸易规则与管理实践(英)	2.0	32	5	考查	
	13007300	国际金融(英)	2.0	32	6	考试	
	13007160	领导力与团队管理(英)	2.0	32	6	考试	
	13007310	网络营销(英)	2.0	32	7	考试	
	13007170	外贸函电(英)	2.0	32	6	考查	
	13007180	区域经济学(英)	2.0	32	7	考查	
		小计	20				

续表

课程组	课程代码	课程名称	学分	总学时	建议修读学期	考核方式	要求学分
4 专业选修	13001320	金融学概论	2.0	32	5	考试	8
	13001580	企业资源计划	2.0	32	5	考查	
	13000701	广告学 A	3.0	48	5	考查	
	13007560	博弈论与信息经济学	2.0	32	6	考试	
	13001811	市场研究方法 A	3.0	32	6	考查	
	13001450	客户关系管理	2.0	32	6	考试	
	13003980	品牌学	2.0	32	6	考查	
	13001800	市场推销与谈判	2.0	32	7	考试	
	13000382	工程经济 B	2.0	32	7	考试	
	13000560	管理案例分析	2.0	32	7	考查	
		小计	22				
5 实践课程	13100441	社会调查 B	2.0	2周	短2	考查	7
	13101340	综合物流模拟实验 A	2.0	2周	短4	考查	
	13101040	第三方 B2B 电子商务综合实训	2.0	2周	短5	考查	
	13101360	国际化竞争与运营策略模拟实训 A	2.0	2周	短6	考查	
	13101100	人力资源管理实验	1.0	32	4	考查	
	13101320	MATLAB 应用	2.0	2周	5	考查	
	13100470	市场研究方法(课程设计)A	2.0	2周	6	考查	
	13100011	EDI 模拟实验 A	2.0	2周	6	考查	
	13101150	现代营销综合实训	1.0	1周	6	考查	
	13101070	ERP 沙盘推演实训	1.0	32	6	考查	
		小计	17				
6 优秀人才培养计划	13101760	优秀创新创业人才培养计划	3.0	96	7	考查	3
	13101770	优秀学术人才培养计划	3.0	96	7	考查	
	13101780	优秀人才(国际)领导力培养计划	3.0	96	7	考查	
		小计	9				

续表

课程组	课程代码	课程名称	学分	总学时	建议修读学期	考核方式	要求学分
7 实习与毕业设计	13100070	毕业设计（论文）课题选读	1.0	1周	7	考查	14
	13100652	专业实习B	3.0	3周	7	考查	
	13101660	毕业设计	10.0	14周	8	考查	
		小计	14				

注："优秀人才培养计划"课程修读办法请参见专业"优秀人才培养计划"修读指南，所有学生需在第二学期选择并纳入至少一项人才培养计划。

（四）任选课程（2学分）

第三章 工商管理专业实践教学的改革与探索

第一节 工商管理实践教学的重要性分析

工商管理专业的培养目标是:"掌握现代化管理基础理论、知识和技能,懂经济、会管理,懂国际商务、善经营,既有较高的综合管理能力,又有多项职能管理能力的复合型、实用型高级管理人才。"实践教学在培育学生的管理技能和综合管理能力的过程中,发挥着不可替代的作用。也正如管理学大师德鲁克所言,管理的本质是一种实践。

一、实践教学加深了学生对管理理论的认识

工商管理专业学生的培养计划以理论类课程为主。理论作为经过验证的真实知识,是前人经验的总结,具有高度概括化和高度抽象化的特点。通过理论学习,学生可以快速掌握前人数百年来积累的知识,如通过学习管理学原理这门课程就可基本掌握管理学者百年来对管理的探索所得。但理论学习的高度概括和抽象的特点,也使得学生对经典原理的理解不够深入,往往只知其一而不知其二。如笔者在市场营销学的课堂上提了一个小问题:假如你准备在某电商平台上(如淘宝、拼多多)销售韩国面膜,有两个品牌的面膜供你选择,你会根据哪些指标判断面膜市场机会大小并进行投资?多数同学的回答都聚焦在知名度高、消费者了解多少

这些方面,而忽视了同行业竞争情况和行业集中度的情况(这是波特五力模型中的重要内容)。根据微观经济学中竞争市场和市场营销中产品生命周期的理论知识,一个行业集中度较高,代表该行业已经形成寡头垄断,已经进入成熟期,此时进入市场是缺少机会的。而较为分散的市场意味着,市场的主流标准尚未形成,产业处于成长期,此时进入市场有更大的成功机会。

通过管理实践可以使学生认识到管理理论的重要性。学生对理论学习的兴趣不高的原因往往来自学生不了解理论的价值,不确定理论是否能指导实践,认为人力资源管理、组织行为学、市场营销学、战略管理等课程自己都能看懂并且都能理解,因此对课程的内容失去了深入探究的兴趣。而通过实践教学让学生意识到理论对企业经营活动的指导作用,可以助力企业成功或者降低企业犯错误的概率。如同笔者所举的韩国面膜市场机会分析的例子,一下子让学生领悟了理论学习的价值,增加了学生学习的主动性。

二、实践教学提升了学生的管理能力

第一,实践教学可以实现理论与实践的结合。马克思主义认识论认为,实践是认识的来源也是检验认识的真理性的唯一标准,人对事物的认识也是从认识到实践再从实践到认识的多次反复的过程。根据马克思主义的认识论,学生的管理能力的培育也应该从理论学习到实践学习再到理论,实现对理论认识的升华。实践教学在学生的管理能力培育上具有理论教学不能替代的作用。第二,实践教学可以很好地磨炼学生的意志力。青年时期不仅是学习知识的关键时期,而且是磨炼学生意志的关键时期。通过实践可以让学生对成功和失败有更深刻的体悟,在参加各种创新创业大赛中都会遇到失利和被淘汰,这让学生能接受挫折教育。通过实践教学也可以培育学生坚持不懈的自制力。第三,实践教学可以锻炼学生的社交能力。在管理者的三项基本技能中,社交能力位列其中,并且随着管理者职位的晋升社交能力变得愈加重要。但社交能力的培育,很难通过理论教学获取,更多的是一种社会性的学习和模仿。学生在参加各种大赛项目过程中,会和其他同学或合作伙伴通过密切分工合作组成团队,这有利于社交能力的提升。在实习中通过向实践岗位上的管理者和同事学习与沟通也可以提升社交能力。

三、实践教学有利于与用人单位的需求对接

实践教学有利于学生快速适应工作岗位。一项对管理岗位招聘信息的调查报告发现,90%以上管理岗位的招聘条件中都要求具有相关工作经验。而通过专业实习等实践活动,是学生积累实践经验的重要途径。这些实践经验的积累不仅可以使得学生通过招聘的面试环节,而且有利于学生形成正确的工作预期,掌握必需的工作技能和人际沟通技能,能够尽快地适应工作岗位。

第二节 工商管理专业实践教学体系的构建

一、工商管理专业实践教学面临的普遍性问题分析

(一)重视理论教学,忽视实践教学

目前国内院校的工商管理专业普遍重视理论教学,而对于实践教学的重要性并未在教学活动中得到充分体现。作为一门应用性学科,工商管理专业所培养的人才不仅能了解理论,而且具备运用理论知识解决实践问题的能力。但这一能力的培育在教学资源投入、课程安排和考核上均未被充分重视。部分学校缺少实验和实训的场地、部分学校缺少校外实习的合作企业等,这些都影响了工商管理专业毕业生能力结构的完善。目前工商管理专业的教学安排中,实践教学的环节主要包括实践类课程、毕业实习、毕业论文三大部分。除了现有的实践类教学环节之外,还需要在众多课程的教学中加入实践性内容,比如在市场营销学课程中,可以安排学生围绕一个具体的企业进行市场环境分析、消费者需求分析、市场定

位和营销策略选择等内容。

(二)部分教师缺少管理实践经验

教师的素质和能力是决定教学效果的核心要素。而目前国内高校的工商管理专业教师多数并未直接参与过企业的经营与管理实践,这些教师在指导学生的实践教学时并不能以"局中人"的身份现身说法,也不利于学生感同身受地去理解这些经验体悟。即使一些具有企业工作经历的教师,在当今飞速变化的时代很容易造成经验的过时与陈旧,这也会降低实践教学的效果。在这种背景下,教师不断学习和参与社会实践就显得尤为关键,但是在现有的教师评价模式下,教师面临着较重的科研和教学压力,参与实践进修的意愿不强。

教师在进行实践教学中也需要转换角色,由主角变为配角。实践教学中更多地需要学生去思考、去摸索项目的最佳方案,重点是培养学生的思维和判断能力。这和理论教学中老师的角色存在显著差异。教师需要启迪学生去发现问题,并通过探索不断寻求解决问题的最优方案,而不是提供给学生唯一真理。

(三)实践教学的评价机制不完善

与理论可以采用考试和论文等方式进行测评不同,实践教学的结果多数体现为学生能力和素质的提升,很难通过传统的评价方式进行评价。根据管理评价理论"如果你不能进行准确评价,你就不能进行有效管理",学生对待实践教学缺乏动力,不愿意主动认真地完成相关技能训练,造成实践课程的出勤率不高,实习环节不真正参加企业实习仅盖章交差等现象。所以对于工商管理专业的实践教学应该变革原有的评价机制,结合过程评价和结果评价,形成完善的评价体系。

二、实践教学体系的构建

工商管理学科的特性决定了工商管理专业的教学设计中必须特别注重实践教学。通过实践教学体系的构建可以提升学生学习兴趣、加深学生对理论知识的理解,实现认识的深化,也能提升学生就业后的工作适应能力。工商管理专业的实践教学体系可以区分为课堂实践类、优秀人才培养计划类、社会实践类、专业实习类和毕业设计(论文)五大类别。

(一)课堂实践类

课堂实践类主要是指以课程形式开展的实践活动,主要包括两大类内容:在理论课程中的实践环节以及独立开设的实践类课程。

1. 理论课程的实践环节

上海理工大学积极推进本科教学方式改革,改革传统的理论课程教学方式,工商管理系也积极响应学校的号召,积极推进工商管理系的理论教学改革。借助于案例分析、项目小组讨论、专题演讲等形式,将学生置于课堂的中心,提升学生的上课参与度。

案例分析是工商管理专业常用的实践教学方式。案例分析通常模拟或者以真实企业经营场景为基础,让学生通过对案例企业经营外部条件、过程和结果的分析去总结管理的理论和启示。案例分析法虽然被频繁使用,但部分案例由于与理论衔接不当,分析不够深入等原因并未起到应有的效果。使用案例分析法应该注重如下几点:第一,案例最好来自真实的企业经营实践。真实的企业案例可以更真切地反映企业的经营和管理过程,学生面对真实的案例也更容易产生代入感,产生深入了解的兴趣。第二,需要对案例企业资料进行详细收集,并进行深入加工。如果资料不全面就不能对案例企业进行客观和全面的评判,也不能实现对理论的呼应。应该根据理论教学的需要对案例进行编辑和整理。第三,案例库需要进行定期更新。在当今时代,企业的发展变化日新月异,今天的成功企业明天可能就会面临失败。比如 2017 年时 ofo 共享单车处于快速成长期,可以用 ofo 来说明商业模式创新,但到了 2018 年下半年 ofo 就出现了经营困难,被爆出欠供应商货款和挪用用户押金等问题,此时就不适合再用 ofo 说明商业模式创新。图 3—1 是上海理工大学工商管理系实践课体系图。

项目小组制也被广泛应用于工商管理专业各门课程的教学中。项目

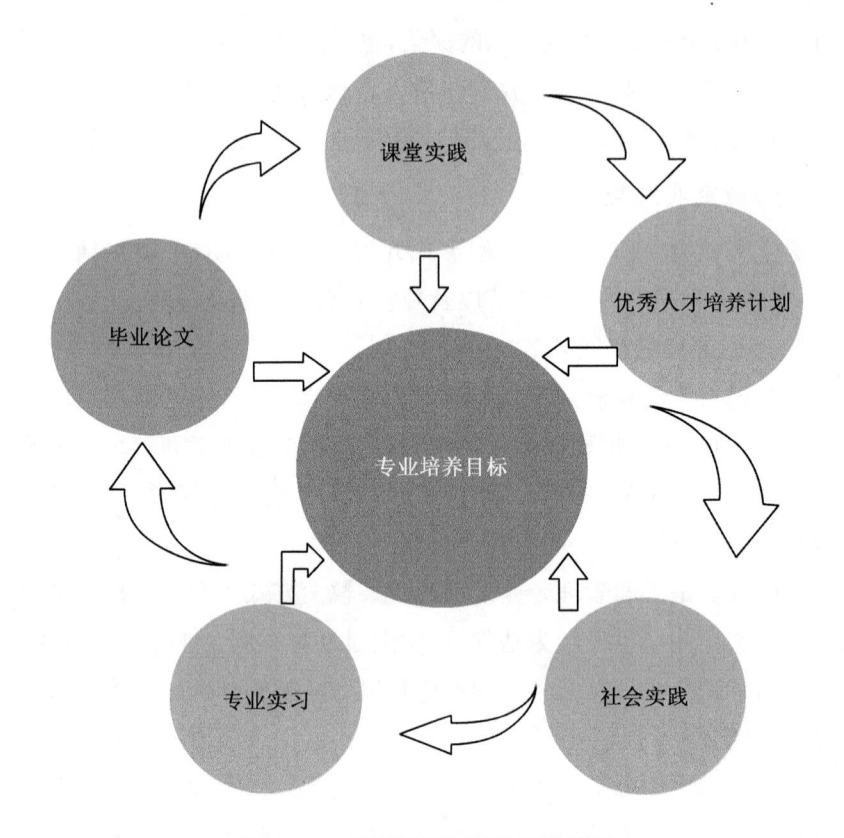

图 3—1　工商管理系实践课题体系

小组制通常是将全体同学分配为若干个小组,然后由老师分配任务,由小组成员通过分工与协作共同完成,最后由小组提交项目成果。比如在学习管理学原理的企业战略这一部分内容时,为了让同学更好地理解企业的总体战略,可以让学生3~5人自由结合为小组,选取国内的一家知名企业,通过搜集资料描绘出这家企业从成立之后都分别采用了什么发展战略。通过对企业的发展历程的梳理,让学生认识到企业的发展战略有密集增长(专业化)、多元化和一体化等类型,并且对什么情况下会采用哪种发展战略有了更深刻的体悟。在采用项目小组教学时,需要注意如下几点:小组不宜过大,小组成员过多容易造成"搭便车"问题;小组需要有一个组长作为核心成员,起到协调和沟通的作用;对小组的成果进行及时反馈,有利于学生了解自己的工作绩效,激发其参与后续课程的积极性。

专题演讲一般是让学生对课程的部分内容或者应用课程内容、企业实例分析的结果进行内容准备和课程演讲。比如在服务营销学课程中,为了让学生更准确地理解服务营销的7P模型和服务营销质量差距模型,可以让学生选取一家优秀的服务企业的案例,用上述模型进行分析。专题演讲需要任课教师进行提前安排,并且给学生充分的时间进行线下准备。对于专题演讲的评价可以从研究内容的丰富度、运用理论是否正确、演讲表达是否流畅等方面进行。通过专题演讲可以提升学生分析问题的能力,运用理论解决问题的能力,收集资料的能力和表达能力。老师也可以借助于专题演讲调动学生的积极性,让学生在平时多用时间和精力在学习上,而不是进行考前的突击。

2. 独立开设的实践类课程

工商管理的实践类课程对于提升学生的实践能力和培育学生的创新精神具有重要作用。工商管理专业学生直接参与企业经营实践存在资金、时间等多方面的限制,所以这些实践类的课程多数是利用教学软件在实验室完成的。在开展教学实验之前需要依据教学计划制定实验大纲、实验课表,并且做好实验记录。在实验开始之前,可以先下发相关实验教学大纲供学生提前预习实验的流程。在实验过程中应该对学生严格要求,按照标准的实验流程完成。在课后需要督促学生及时复习和沉淀所学过的知识。

目前工商管理专业开设的实践课程主要有:社会调查、综合物流模拟实验、第三方B2B电子商务综合实训、国际化竞争与运营策略模拟实训A、财务成本管理(课程设计)、人力资源管理实验、MATLAB应用、市场研究方法(课程设计)A、EDI模拟实验A、现代营销综合实训、ERP沙盘推演实训。

(二)优秀人才培养计划类

优秀人才培育计划是上海理工大学管理学院为了培养新时代优秀人才而特设的实践教育课程。通过优秀人才培养计划可以扩大学生的知识领域，开阔学生的国际化视野，培育学生的创新和创业能力。优秀人才培育计划分为优秀创新创业人才培养计划、优秀学术人才培育计划和优秀人才（国际）领导力培养计划三部分。优秀创新创业人才培养计划可以培养学生的创新精神和团队合作精神；优秀学术人才培育计划可以培养学生的学术研究兴趣，通过课题参与取得初步研究成果；优秀人才（国际）领导力培养计划旨在依托专业的中美合作办学背景，培养学生的国际化视野和国际化人才。

1. 优秀创新创业人才培养计划

优秀创新创业人才培养计划是管理学院工商管理系为了培养学生的创新创业能力、提升学生的实践能力和业务水平而开设的优秀人才培养类特色课程。学生可利用假期等课余时间进入优秀的企业实习，了解企业运作；也可以开展相关调研，构思有前景的创业想法；与教师和团队沟通，完善创新创业方案；最终目标是实现创新创业方案。通过该人才培养计划，学生能够尽早了解当今创业环境和基本规则，在本科阶段就开始进行创新创业探索，提前孕育创新创业方案，为有意在未来自主创业的学生奠定前期基础。同时，该人才培养计划还有利于培养学生的大胆思考能力，使学生富有创造力和企业家精神，为社会培养和输送创新创业型人才。

优秀创新创业人才主要依托于我系长期举办工商管理创业班的资源积累。我系和众多企业家和创业教育人士建立了长期的合作关系，比如中大科创研究院院长李肖鸣、上海德礼食品董事长王晨、小尾羊集团副总裁张俊明等。在课程考核方面可以根据学生参与企业实习，参加创业活动讲座，完成市场调查报告和参加创新创业大赛作为考核依据。

2. 优秀学术人才培养计划

优秀学术人才培养计划旨在对专业本科生进行基础的科学研究训练。通过在学士导师的指导下，以学生为主体开展课外科学研究活动。与课程教学活动相比，优秀学术人才培养计划可以更好地发挥学生的主动性和创造性。学生需要在导师的指导下先学习学术研究的基本流程，储备基础知识，然后在导师的指导下确定研究选题，之后进行文献的收集、数据的收集和整理、论文的撰写，以及后续的投稿修改等工作。在这一过程中不仅培养了学生的基本科学研究素养，而且锻炼了学生自主学习的能力、进行数据分析的能力、进行批判性思考的能力。

在优秀学术人才培养计划实施过程中，学士导师发挥着重要作用。导师应该是活跃在科研一线的教师，并且应该对培育本科生怀着极大的热情和信心。对本科生的科学研究训练比研究生周期更长，更难以得到确定性的成果，这也要求导师不能急于求成，应该保持极大的耐心。对于优秀学术人才的评价可以以学生是否发表论文为主，但考虑到优秀论文的写作及发表的周期，也可以通过系内组织专家对学生工作论文的价值进行评定来完成。

3. 优秀人才（国际）领导力培养计划

优秀人才（国际）领导力培养计划主要培养学生的国际化视野，为国内企业培养适应国际化发展背景的优秀人才。优秀人才（国际）领导力培养计划依托于中美合作办学优势，为学生参加国家游学项目，了解美国文化和提升英语交流能力提供便利。学生也可以在国际性企业实习，获取国际化大公司运作的直观感受，通过与外国员工的交流，体悟不同文化背景下管理方式的差异，为将来在国际化公司工作甚至成为领导者夯实基础。这一培养计划也适用于来自不同国家的留学生，帮助留学生了解中国，鼓励留学生在中国企业实习，使他们在毕业后愿意并能够胜任在中国工作，为中国企业输送国际化人才。

学院和系内会为学生参加出国游学或者国际交换项目提供各种所需的帮助。对于学生参加国际化比赛或者撰写英文论文，学士导师将给予完整的指导。对于优秀人才（国际）领导力培养计划的考核，主要通过学生是否参加出国游学或者国家交互项目、在国际化企业实习、参加国际化比赛、发表英文论文来评价。

（三）社会实践类

社会实践类主要包括各个层面的创新创业大赛。国内外学者的长期研究发现,参加创新创业大赛可以培养学生的团队协作能力、组织沟通能力,并且树立学生进行创业活动的信心。目前较重要的创新创业大赛有:中国国际"互联网＋"大学生创新创业大赛,"挑战杯"全国大学生课外学术科技作品竞赛,"创青春"中国大学生创业计划大赛,上海市高校商业精英挑战赛,上海市大学生企业经营模拟沙盘大赛,上海市大学生电子商务"创新、创意、创业"挑战赛等。

1. 中国国际"互联网＋"大学生创新创业大赛

"互联网＋"大学生创新创业大赛,由教育部和举办地人民政府共同主办。比如2020年第六届中国国际"互联网＋"大学生创新创业大赛由教育部和广东省人民政府等单位共同主办,华南理工大学、广州市人民政府和深圳市人民政府具体承办。普通高等学校在校生(可为本专科生、研究生,不含在职生)、毕业5年以内的毕业生(2015年之后毕业的本专科生、研究生,不含在职生)均可参与该比赛。

"互联网＋"大学生创新创业大赛的目的体现在三个方面:第一,以赛促学,培养创新创业生力军。大赛旨在激发学生的创造力,激励广大青年扎根中国大地了解国情民情,锤炼意志品质,开拓国际视野,在创新创业中增长智慧才干,把激昂的青春梦融入伟大的中国梦,努力成长为德才兼备的有为人才。第二,以赛促教,探索素质教育新途径。把大赛作为深化创新创业教育改革的重要抓手,引导各类学校主动服务国家战略和区域发展,深化人才培养综合改革,全面推进素质教育,切实提高学生的创新精神、创业意识和创新创业能力。推动人才培养范式深刻变革,形成新的人才质量观、教学质量观、质量文化观。第三,以赛促创,搭建成果转化新平台。推动赛事成果转化和产学研用紧密结合,促进"互联网＋"新业态形成,服务经济高质量发展,努力形成高校毕业生更高质量创业就业的新局面。

"互联网＋"大学生创新创业大赛特别强调参赛项目能够将移动互联网、云计算、大数据、人工智能、物联网、下一代通信技术、区块链等新一代信息技术与经济社会各领域紧密结合,服务新型基础设施建设,培育新产品、新服务、新业态、新模式;发挥互联网在促进产业升级以及信息化和工业化深度融合中的作用,服务新型基础设施建设,促进制造业、农业、能源、环保等产业转型升级;发挥互联网在社会服务中的作用,创新网络化服务模式,促进互联网与教育、医疗、交通、金融、消费生活等深度融合。

上海理工大学在历届大赛中都取得了不俗的战绩。尤其是在2019年"互联网+"大学生创新创业大赛中,上海理工大学的参赛团队分别斩获金、银、铜奖各一项,其中在"微翌创新——全球最优效果运动场景影像5G实时传输系统开创者"项目夺得金奖的同时,以优异的成绩获得高教主赛道全国总决赛三强争夺赛资格,并在三强争夺赛中总分位列全国第16名、上海市高校第1名。这是上海理工大学首次在中国"互联网+"大学生创新创业大赛总决赛中斩获金奖,也是上海市市属高校高教主赛道金奖零的突破。工商管理系2016级的刘闱青同学是该项目的核心成员,这充分体现了工商管理系的人才培养质量水平。

2."挑战杯"竞赛项目

"挑战杯"是由共青团中央、中国科协、教育部、全国学联和地方省级政府共同主办的一项具有导向性、示范性和群众性的全国竞赛活动。首届"挑战杯"全国大学生课外学术科技作品竞赛在清华大学举办,之后每两年举办一届。"挑战杯"竞赛始终坚持"崇尚科学、追求真知、勤奋学习、锐意创新、迎接挑战"的宗旨,在提升大学生实践能力、促进大学生快速成长和推动经济社会发展等各方面都取得了良好的成绩,是高校领域最为重要的竞赛项目之一,每届吸引1 000多所高校的200多万名大学生参赛,被称为大学生科技创新的"奥林匹克"盛会。1999年"挑战杯"增设了中国大学生创业计划大赛,与原有的全国大学生课外学术科技作品竞赛交替举行,每个项目2年举行一次。

"挑战杯"竞赛项目采取学校、省(自治区、直辖市)和全国三级赛制,分预赛、复赛、决赛三个赛段进行。竞赛参加者的身份限制较"互联网+"大学生创新创业大赛更为严格。仅限在举办竞赛终审决赛的当年6月1日以前正式注册的全日制非成人教育的各类高等院校在校专科生、本科生、硕士研究生(不含在职研究生)可申报作品参赛。而博士生和毕业超过1年的专科生、本科生、硕士研究生不允许参加比赛。

竞赛的目的是引导和激励高校学生实事求是、刻苦钻研、勇于创新、多出成果、提高素质,培养学生创新精神和实践能力,并在此基础上促进高校学生课外学术科技活动的蓬勃开展,发现和培养一批在学术科技上有作为、有潜力的优秀人才。鼓励学以致用,推动产学研融合互促,紧密围绕创新驱动发展战略,服务国家经济、政治、文化、社会、生态文明建设。

"挑战杯"全国大学生课外学术科技作品竞赛主要分为自然科学类、哲学社会科学类和科技发明制作类。自然科学类学术论文作者限本、专科生。哲学社会科学类社会调查报告和学术论文限定在哲学、经济、社会、法律、教育、管理6个学科内。科技发明制作类分为A、B两类:A类指科技含量较高、制作投入较大的作品;B类指投入较少,且为生产技术或社会生活带来便利的小发明、小制作等。参赛作品必须由两名具有高级专业技术职称的指导教师(或教研组)推荐,经本校学籍管理、教务、科研管理部门审核确认。在2019年的挑战杯比赛中,上海理工大学获得一等奖一项、二等奖两项和三等奖两项的好成绩,实现了"挑战杯"一等奖的新突破。我系毕业生曾思佳作为核心成员的《如何破解减税政策"落地难"?——基于上海市科技型小微企业的研究》一文获得二等奖。

(四)专业实习类

专业实习是学生利用假期采用多种形式在学校之外开展的实习活动。其主要形式是企业参观和企业实习生参与。专业实习对于巩固和完善管理学的基本知识、深化对管理理论的理解、实现理论与实践的结合、最终形成学生的概念技能和综合能力发挥着重要作用。通过专业实习使学生掌握专业知识的应用,提高学生发现问题、分析问题和解决问题的能力,提升在校学生的综合素质,促进人才培养目标中理论与实践有机结合要求的实现。

实践教学基地是学校与企业协商共建,可以用于参观和实习的企业事业单位。根据工商管理的专业特点,在选择实习基地时应该注重企业的发展特色，可以优先与那些在内部管理和营销等职能上表现优异的企业进行合作。一般应该与实践教学基地企业签订长期的合作协议。对于低年级的本科生而言，可以通过实习企业参观和企业家现场演讲等方式让同学对企业的经营流程、如何获取市场竞争优势和企业家的演讲沟通能力有直观的了解。对于企业而言，可以借助于实习基地的共建，优先安排学生在人力资源、营销、运营等岗位上进行顶岗实习。在顶岗实习的过程中应该由企业安排带教师傅，采用师徒制的方式，使得学生可以尽快入手。目前工商管理系已经与珍岛信息技术（上海）股份有限公司、汇纳科技股份有限公司、上海汉得信息技术有限公司、上海振华重工（集团）公司等多家企业建立了实践教学基地。

考虑到实践教学基地的岗位有限，而专业学生的职位偏好存在较大差异，也可以采用学生自己联系企业进行实习的方式。在暑假开始前一般会有大量企业通过各种途径发布实习生招聘的信息，学生可以通过招聘信息，进行简历投递和筛选，最终获取实习岗位。这种形式可以更好地培养学生的求职能力。

毕业实习是从学生走向社会的过渡性阶段。毕业生在实习前应该了解实习岗位的要求和工作安排，明白实习的重要性和必要性，特别是如何处理工作中的沟通关系，如何与自己的同事和上级进行沟通，尽快做好角色的转变，适应工作后的氛围。从几年来的毕业实习情况来看，多数同学都在毕业实习中收获了理论学习难以获取的管理技能。但也有少部分同学面临实习的困惑：有的同学对实习岗位不满意，因而心不在焉；有的同学在实习岗位上仅仅被安排了打印、整理资料等边缘性工作，难以接触到企业的核心工作流程，因而兴趣逐渐消磨；还有的同学因为准备研究生复试或者出国不参加实习。对于上述问题应该进行区别对待，分类解决。在实习过程中，需要进行专门的动员和讲解，让学生端正心态，充分理解企业对实习生的安排，这样可以端正态度，获取企业的认可。让学生注意遵守实习的纪律，遵从工作岗位的安排，应该保持主动的态度，不要总是被动等人安排工作，可以主动请缨。实习结束后需要对实习的过程进行总结,并撰写实习报告。

(五)毕业设计(论文)

毕业设计(论文)是工商管理专业实践教学中的一个总结性环节,在人才培养计划中占据重要地位。通过毕业论文的写作可以锻炼学生综合运用经济学和管理学的基础理论的能力,也可以锻炼学生对某一特定问题进行分析和解决的能力,提高学生的写作水平和对问题进行高度概括的能力。完成了毕业论文并通过答辩,就如同工厂中的产品通过生产加工和检测合格被获准上市。如果没有完成毕业论文,只能算是半成品。

工商管理专业的毕业论文一般需要经过选题并填写立题卡和任务书、收集相关文献和资料撰写开题报告、开始论文写作、收集数据和数据处理、中期检查、上交初稿及修改、论文评阅、论文答辩等步骤。在论文的整个过程中需要注重几个关键的要点:第一,论文的选题。选题是毕业论文写作的首要环节也是关键环节。能提出好的研究问题比解决问题更重要。但是工商管理系的本科生由于缺少理论的深度和储备,以及缺少实践经验,在选题中老师的指导至关重要。第二,论文框架的搭建。现在管理学的研究已经形成了一套完善的分析问题的思路,在毕业论文写作中尽可能利用学术界认可的论文写作框架,这方面应该和现有的研究进行接轨。第三,数据的收集和处理。如何获取所需的数据是决定论文质量的关键因素。应该根据研究的需要在一手数据或者可行的二手数据中进行选择,并且用合适的工具软件进行数据处理。

由于毕业论文工作主要在大四第二学期完成,学生面临实习、就业和研究生复试等各方面的压力,并且由于部分同学在其他城市找工作,这给毕业论文的管理带来了较多困难。指导教师应该加强对学生的过程化管理。要定期安排例会,一般一周至少一次,最好安排在固定的时间,方面学生形成习惯。通过定期例会,及时了解学生的进度。一定要掌控好时间节点,可以提前和学生沟通好重要的时间阶段,到几月几日完成哪部分内容,几月几日交初稿,这样能起到督促学生的作用。

三、实践教学保障体系

(一)实践教学保障体系的建立

为了实现工商管理专业学生的人才培养目标,学校构建了五位一体的实践教学体系。为了保障实践教学的效果,必须建立一套完整的实践教学保障体系(如图3-2所示)。首先,需要根据专业人才培养目标确定实践教学的课程目标。其次,根据课程目标确定课程评价指标体系。然后制订学习测评计划,并且测评实践教学效果。最后,根据测评的结果进行改进。

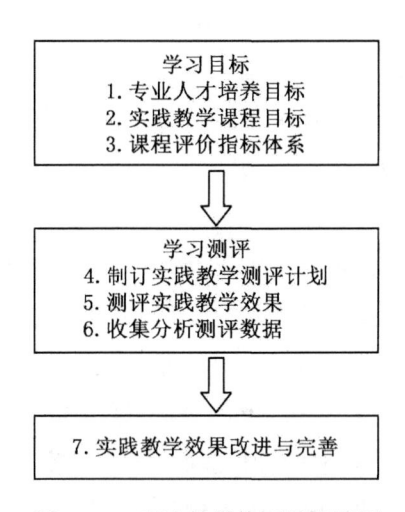

```
学习目标
1. 专业人才培养目标
2. 实践教学课程目标
3. 课程评价指标体系
        ↓
学习测评
4. 制订实践教学测评计划
5. 测评实践教学效果
6. 收集分析测评数据
        ↓
7. 实践教学效果改进与完善
```

图3-2　实践教学体系的保障图

(二)实践教学具体保障措施

1. 制定了实践教学的相关流程

工商管理系注重实践教学的过程规范,对于实践类课程、专业实习、毕业论文都建立了标准的操作流程。比如对于实践类课程制定了实践类课程教师职责:

①专业软件在学生实验前两星期提供给实验室,并安装、调试好。

②教师应在第一次实验前组织学生学习实验室管理条例。

③教师每次实验应提前5分钟到达实验室,组织学生进入实验室。

④正确掌握实验室计算机设备的使用方法,合理应用设备,组织教学。

⑤协助实验室管理人员,对实验室设备进行日常管理和维护。

⑥课前组织学生检查各自设备,发现问题及时通知管理人员,并做好记录。

⑦实验时应引导学生按照实验内容进行实验。并正确指导学生使用软件,督促学生爱护实验室各种设施,发现违规的行为应立即纠正,并进行批评教育,同时通知实验室管理人员。

⑧教师中途不得随意离开实验室。下课时协同实验室管理人员组织、督促学生离开实验室。

2. 依托国家级实验中心

工商管理学的实践类课程多在上海理工大学经济管理实验中心进行。上海理工大学经济管理实验中心,2006年7月获"上海市经济管理实验教学示范中心"荣誉,2007年1月被授予"国家级经济管理实验教学示范中心"称号,2016年被授予"国家级虚拟仿真实验教学示范中心"称号。目前,经济管理实验中心下设12个实验室:电子商务、证券期货投资模拟、沙盘模拟、电子模拟银行、财会信息技术、会计实物实验室、ERP、工业工程与物流管理、管理综合、人力资源管理、商业动态模拟、创新创业实验室。此外,还有中心控制室、实验软件开发室、实验项目研究室、远程会议系统、语音室以及应用经济学、公共管理、系统科学、管理科学与工程研究生实验教学基地等。实验中心在军工路校区设总馆,复兴路校区设分馆,面积共计3 000平方米,建设投资累计近2 000万元,中心构建了层次化、模块化、综合化且学科之间呈现立体、交叉、相互渗透的实验教学体系,并重视创新型、研究型实验项目的建设,开出实验项目总计近300个,综合实验时数占总实验时数的43.5%,

拥有物流管理模拟控制系统装置等一批高水平专业实验设施和设备。实验室环境布置体现了人性化、真实化的原则,获得国内外专家一致赞誉。

经济管理实验中心已形成一支高水平的实验教学及技术队伍。拥有自己开发的实验软件,开发的电子商务网上实验平台在国内首家申请了国家发明专利,领先出版了一批实验教材,"经管类学科实验教学的改革与创新"成果获上海市教学成果一等奖。近年来,上海理工大学成功地主办了三次以经管类专业实验室建设和实验教学改革与创新为主题的全国性会议,组织了全国"用友杯"沙盘模拟大赛(上海赛区)。与用友软件股份有限公司组成了战略合作联盟,开展实验教学产学研合作,积极培养应用型人才。

实验中心成立以来,国内100多家高校以及企业、机构和公司,国外30余所高校以及德国DAAD(德意志学术交流服务署)、德国汉莎航空技术、日本NEC等著名机构和公司前来参观、学习、交流。专家和同行公认实验中心在经管类实验室建设和实验教学改革与创新方面在国内处于领先地位。

3. 校外实习基地建设

校外实习基地是学生巩固理论知识、增强劳动观念、练就实践能力、实现角色转换、培养综合职业素质的实践性学习与训练场所。建设校外实习基地是工商管理专业建设、课程建设、理论与实践相结合的基本内容。根据工商管理专业课程教学的需要,有计划、有步骤地选择能满足教学实习要求的各家企业,建立校外教学实习基地。实习基地企业应该满足如下条件:第一,校外实习基地的建立应有利于促进学校与基地资源共享、互惠互利、共同发展。第二,校外实习基地的领导应重视实习基地的建设。实习基地具备实习条件和管理环境。第三,校外实习基地能够选派具有相应专业技术职务的指导教师(或技术人员)对学生进行指导,使学生能有效地参与实践活动,顺利完成教学实习计划。第四,校外实习基地要求相对稳定,每学期或每学年有固定专业的学生进行实习。下面介绍两家工商管理专业实习基地。

(1)汇纳科技股份有限公司。汇纳科技成立于2004年,是卓越的人工智能和大数据行业解决方案服务商,于2017年在创业板挂牌上市(股票代码:300609.SZ)。汇纳科技综合运用ABI技术,基于线下实体商业场景,为用户提供数据采集、数据管理及数据运营服务。至今已持续为全国2 000多座购物中心以及超5万家品牌零售店提供线下大数据分析服务。汇纳科技还面向公共领域提供城市精细化管理及精准化政务服务,为国家商务部、地铁机场、文博展馆等机构和场所提供数据支持和产品服务。自2016年起,汇纳科技发布中国线下实体商业客流指数(WTI)报告,真实反映中国实体商业客流趋势,成为中国实体商业发展风向标。目前除上海总部外共设有11家分子公司,3大研发机构,200多个服务网点,辐射全国400多个城市和地区(见图3—3、图3—4)。

图3—3 工商管理系师生汇纳科技实习留念

(2)珍岛信息技术(上海)股份有限公司。简称珍岛集团,秉承"整合数字资源,技术驱动营销"的核心运营理念,专注于数字营销技术、产品、服务、资源的创新与整合,致力于打造全球SaaS智能营销云平台,面向全球企业提供营销力软件及服务,现已形成IaaS(珍岛云计算)、SaaS(场景

图 3—4　汇纳科技公司实习培训

化智能营销工具化平台），以及威客服务平台、云应用市场、数字媒体自助等子平台，聚焦全球 Marketingforce（全球营销力赋能），为企业、院校、园区等客群提供 360 度全方位多场景赋能。

第四章 创新人才培养计划的实施

第一节 创新人才培养计划介绍

一、创新人才培养计划的指导思想

为了贯彻习近平总书记提出的"要努力构建德智体美劳全面培养的教育体系,形成更高水平的人才培养体系",探索工商管理人才培养的新模式,工商管理系在对学生需求全方位调研、近5年就业数据分析、专家访谈的基础上,制订了创新人才培养计划。创新人才培养计划是工商管理专业本科人才培养模式的示范和先导,是专业探索和实施本科创新人才培养的重要方式。

二、优秀人才培养计划的特点

(一)结合通识教育与个性发展

立德树人是大学的根本任务。为了培养德智体美劳全面发展的毕业生,使优秀人才能脱颖而出,大学需要为优秀人才的成长创立适宜的环境。优秀人才培养计划在通识教育的基础上,积极考虑学生的个性化差异,为学生的个性化成长提供充裕的空间。对学术研究感兴趣和有志于读研究生深造的同学可以参加优秀学术人才培养计划,本科毕业后准备就业或者创业的同学可以参加优秀创新创业人才培养计划,准备出国留学的同学可以参加优秀人才(国际)领导力培养计划。

(二)更好地激发学生的兴趣和创造力

根据"三全"育人的要求,大学要实现全方位、全过程、全员育人。大学应该培养每个学生,而不是仅关注少数优秀学生。由于每个学生个体兴趣、知识基础和家庭环境的差异,其在培养模式上应该是个性化的。通过实施优秀人才培养计划,创造一种使每个学生都能成才的环境。相比过去的培养模式,重视知识的灌输,而忽视学生的吸收能力和兴趣,优秀人才培养计划,充分利用学生的兴趣和好奇心,打造适合学生个体成长的成才之路。

三、创新人才培养计划的内容体系

工商管理系创新人才培养计划包括三部分内容:优秀创新创业人才培养计划、优秀学术人才培养计划、优秀人才(国际)领导力培养计划。学生可以在第二学期根据自身发展规划选择加入任意一项计划。优秀创新创业人才培养计划是管理学院工商管理系为了培养学生的创新创业能力、提升学生的实践能力和业务水平而开设的优秀人才培养类特色课程。优秀学术人才培育计划旨在对专业本科生进行基础的科学研究训练。通过在学士导师的指导下,以学生为主体开展课外科学研究活动。优秀人才(国际)领导力培养计划主要培养学生的国际化视野,为国内企业培养适应国际化发展背景的优秀人才。创新人才培养计划为3个学分,学生必须按照评价标准要求获得3个学分才算合格。

第二节 优秀创新创业人才培养计划

一、课程指导思想

以贯彻落实教育部、财政部联合推行"高等学校本科教学质量与教学改革工程"的文件为指导,积极转变教育指导思想,重视知行合一、理论与实践相结合的教育理念。以建设国内一流本科为培养目标,立足国内产业发展转型升级的发展趋势,以及国内外工商管理专业高等教育发展的实际,以提升教学质量为重点,以学生的理论素养与创新创业能力的培养为中心,以现有高质量的教师水平、完备的教学配套设施、系统化的教材建设为依托,以建立与专业培养目标相适应的理论教学和实践教学创新体系为手段,坚持以教学、科研和培训"三位一体"的人才创新创业教育模式为推动,不断通过对其他学科的知识吸收与借鉴,实现工商管理学科的知识更新,在更深入的平台上构建工商管理创新人才培养体系,实现"创新创业"人才培养知识体系创新;构建科研带动教学、教学促进科研的大学生"产学研"结合的人才培养机制,实现创业教育机制创新。通过知识体系创新、条件创新、氛围创新、制度创新和机制创新,形成工商管理专业"创新创业"人才培养的新模式。

大力弘扬创新教育与创业教育,坚持教育要"面向现代化,面向世界,面向未来"和"以人为本,以学生为中心,以实践为重点,以成才为目标"的教育理念。坚持以人为本的教育理念,通过人才培养模式改革帮助学生完成创新知识的构建和创业技能的取得。

二、教学目标

优秀创新创业人才培养计划是管理学院工商管理系为了培养学生的创新创业能力、提升学生的实践能力和业务水平而开设的优秀人才培养类特色课程。通过该人才培养计划,学生能够尽早了解当今创业环境和基本规则,在本科阶段就开始进行创新创业探索,提前孕育创新创业方案,为有意向在未来自主创业的学生提供前期基础。同时,该人才培养计划还有利于培养学生的大胆思考能力,使学生富有创造力和企业家精神,为社会培养和输送创新创业型人才。

通过本计划的实施,努力提高工商管理专业学生的实践能力、对外部知识的吸收能力、对环境机会的判断和把握能力、组成团队的沟通与协调能力，培养学生熟练掌握创业流程和基本规则，具备完成较成熟创新创业项目的能力，成为具有实践能力的创新创业型人才。优秀创新创业人才培养计划将不断探索创业教育的新模式。通过培养模式的构建，逐步实现人才培养体系的更新和迭代，培养学生的创新创业意识；通过课程体系的改革和讲座等培养学生扎实的创新创业知识和能力；通过教学内容、教学方法的创新，提升学生的积极性和创造性，使学生具备创新创业所必需的心理品质；使学生能积极参与创新创业大赛或者实际创办公司，使学生的创新能力和开创精神得到充分发挥。在这一过程中，实现人才培养模式与专业的协同发展，深化工商管理上海市一流本科建设成果，在学术成果、教学成果、科研成果、课程建设、师资建设、人才培养、服务社会等方面为国内其他高校发挥引领作用，并且争取成为国家一流本科建设专业。

三、教学方式

优秀创新创业人才培养计划属于工商管理培养体系改革的新尝试，必须在教学方式上进行改进和创新。不同于理论课程的教学模式，优秀创新创业人才培养计划采用现场教学和体验式学习的方式完成。学生通过创新创业类课程的学习具备了理论基础后，可以通过企业实习、企业实地调研、与企业中高层管理人员的交流和访谈等方式，了解企业经营的过程、企业决策制定的过程，形成对创业企业发展的直观认识，最终基于上述积累，学生能够形成自己的创新创业思路，并通过参与创新创业大赛或者实际创办企业的方式加以落实。在这一过程中以学生实习和自主创新创业探索为主，在学生进行创意筛选、完善创新创业方案和参加创新创业大赛等过程中，由教师进行监督、指导和辅助。

四、学时分配

	教学内容	讲课	实验(实践)	上机	其他	小计
一	创新创意构思		1学期			

续表

教学内容		讲课	实验(实践)	上机	其他	小计
二	企业实习		1学期			
三	创新创业方案形成和完善		2学期			
四	参加创新创业竞赛		1学期			
五	创业方案实施		1学期			
合计			6学期			

五、教学内容与要求

该课程在第2～7学期完成，选择该课程的学生需要在这段时间内，进入优秀的企业（知名企业或创业公司）实习，了解企业运作，尤其是初创企业的运作；选择感兴趣的领域，开展创业市场调研，完成市场调研报告；构思有前景的创新创业方案，并在前期实习和市场调研的基础上，完成创新创业项目书；参加校级、市级、国家级创新创业类大学生竞赛，如挑战杯等，在竞赛中修改和完善方案，并争取获奖；尝试实施创新创业方案，包括争取初始投资、产品试生产和试运行，等等。

（一）创新创业构思

在本部分需要学生了解什么是创意，从创意到市场机会的转换，如何分析市场环境，搜集市场信息，识别、筛选和捕捉商业机会的方法。首先，学习如何从宏观环境、行业环境、目标市场和竞争对手四个方面分析市场。其次，讨论如何调研、搜集市场信息，如何筛选、识别和捕捉商业机会。最后，探讨如何当机立断快速进入创业状态。

创意是具有一定创造性的想法或概念，创意是否具有商业前景并成长为创新创业机会，需要根据行业发展周期、市场需求、个人能力资源和爱好的综合分析之后才能判断。所以需要引导学生通过社会实践和参与等方式获取创意，然后需要对创意进行识别，了解识别的过程以及有价值的创新创业机会的特征。有价值的创新创业机会具有价值性、时效性等基本特征。

在进行创新创业构思时，可以结合国家发展需要和目前的市场环境进行分析选择。优秀的企业都是利用环境中的机会实现快速成长的，比如阿里巴巴借助电子商务的高速发展、腾讯借助在线社交的发展等。对长寿企业的研究发现，这些企业均表现出对环境的超强适应性，企业的脉搏和时代发展的脉搏一致。因而，同学们在进行创业活动时，应该首先摸清楚现在的市场机会在哪里，找准风口。如果选定了创业的方向，就需要对企业将要进入的行业所处的宏观和微观环境进行深入的分析，这为创业成功和未来企业稳定发展提供了科学依据和决策保障。当然在创业机会的判断过程中，也需要注意可能的系统风险和非系统风险。

(二)企业实习

在企业实习环节中采用参与式教学的方式，让学生实际参与企业的生产经营和管理的实践，获取第一手信息和经验，熟悉和掌握现代企业经营管理活动的主要内容和基本规则。了解实习企业在市场定位、资源整合和内部组织管理、人力资源管理、运营管理等方面的管理理念，提升自己的创新和创业技能。

选择优秀的创业企业进行实习。区别于专业实习或者其他的课程实践，参与优秀创新创业人才培养计划学生的实习对象需要选择近几年成立的优秀创业企业进行实习。在这些创业企业中，学生更容易获得认同感，可以更好地学习这些优秀创业企业是如何成功的、企业的核心竞争优势是什么。

在实习中需要了解创业企业独特的市场定位是什么。在竞争激烈的时代，如何准确地找到市场机会、找准市场定位，是企业成功的核心要素。找准市场定位是建立成功商业模式的基础，需要学生仔细体悟创业企业面临的市场是什么，其满足市场需要的方式是什么，这种满足市场需要的方式和其他竞争企业的差异是什么？

在实习中需要对优秀创业企业如何整合各方面资源，为客户创造价值的思路和逻辑进行深入思考和挖掘。独特的市场定位说明存在相应的市场机会,但企业是否具有充足的资源和能力去实现这一定位,去满足消费者未被满足的需求也是一个重要议题。成功的创业企业通常在整合资本和人力资源上具有自己的独特优势,这也是学生参与实习需要重点学习的内容。

(三)创新创业方案的形成和完善

在本阶段需要学生结合自身的创业构思和创业企业的实习经历,谋划和完善自身的创新创业方案。主要包括了创业目标设定和商业模式选择两部分内容。

首先,要确立自己的创业目标。创业目标就是对今后的创业活动要达成的结果的设定。目标确定后就可以凝聚资源和能力,为实现这一目标而努力。创业目标包括了创业的方向是什么、创业方法是什么、预期结果是什么。创业方向是在哪些领域进行创业。创业方向的选择应该是实现市场机遇与个人资源和能力相互匹配的结果。创业方法是通过什么路径实现创业目标,自己创立企业,还是参与到现有的创业企业中,还是吸引他人合作等。创业的预期结果需要列出自己的长短期的结果,在考虑结果时要结合自身的风险承受能力。在选择创业项目时,需要结合国家经济发展需要进行项目选择,如果能把个人的目标和国家的发展前景相融合,则可以更好地实现创业目标。

其次,创业目标设定之后就需要认真思考商业模式的选择。商业模式是企业配置资源创新性满足客户需求的方式,是决定企业成败的关键因素。商业模式中涉及的因素有多个方面,但总的来说可将这些因素分为三大类:第一类是企业如何创新性满足顾客需求,这是最核心的问题。企业之所以能存在就在于企业可以比竞争对手更好地满足客户需求,是你的价格更优惠还是你可以给客户带来更好的体验?第二类是企业如何配置内部资源来满足客户需求。如果是以更优惠的价格满足客户需求,就需要考虑如何对企业内部价值链活动进行重新整合,或者利用外部资源实现更低的成本。第三类是企业如何盈利。盈利模式决定了企业能否长期存在,企业可以为了吸引客户而短期亏损,但如果企业盈利模式不清晰，长期终究会失败。

筹措资金是学生创业活动中面临的最大困难之一。缺少资金支持，也是很多创业机会无法最终落地的根本原因。需要培训学生了解创业融资的测算，如何通过政府补助、银行贷款、风投资金等方式获取创业资金，认识创业资金筹募渠道和风险，掌握创业资源管理的技巧和策略。

(四)参加创新创业竞赛

在本阶段需要完成创业计划书，并且组成团队参加各种创新创业竞赛。

创业计划书是创业者将自身的创业想法用书面的形式呈现出来。创业计划书是创业者和创新创业大赛的评委、投资人和合作伙伴进行沟通的媒介，创业计划书的好坏决定了能否在创新创业竞赛中取胜、能否获取资金支持、能否吸引优秀团队成员加入、能否获取政府政策支持等。创业计划书包括了摘要和正文两部分。

创业计划书的正文可分为六个部分进行撰写。第一部分，创业项目概述。对创业项目准备进入的产业、目标客户、准备采用的创业企业形式进行说明。第二部分，市场与产品分析。在对市场进行深入调研和市场细分的基础上，找到自己的目标市场。根据目标市场的选择清晰地描述你的产品和服务是什么，你是如何给顾客创造价值的。第三部分是竞争者分析。竞争者是决定企业成败的关键因素，包括行业的集中度如何、你的竞争者都有谁、你最大的竞争对手是谁等。第四部分是企业内部管理情况。如果是线下运作的企业需要提供选址的情况、企业的管理团队情况、企业的资金来源、企业内部的人员配备情况等。第五部分是企业的风险分析，从政策、市场、技术、管理、资金等各个维度对创业项目进行风险评估，并结合项目自身特点和能力，提出项目风险的应对措施。第六部分是企业的成长与发展分析。对于创业项目的评价，发展潜力是决定项目质量的关键点，也是评委重点关注的问题。要清晰地描述企业成长的目标以及企业成长的具体路径和实施策略。创业计划书的写作过程是一个不断精益求精的过程，需要对计划书的结构、表达和文字进行反复琢磨和修改。

参加创新创业大赛。在参加创新创业大赛时，需要同学做好以下几方面工作。第一，仔细阅读参赛规则。不同的创新创业大赛的侧重点和评价标准存在差异，需要根据赛事的要求对创业计划书进行调整，有所侧重，这样能更好地投其所好，提高成功率。比如在互联网＋创新创业大赛中，最为注重项目的商业性，所以应该对商业模式设计的完整性、目前的市场盈利及将来的市场前景进行充分说明。第二，精心准备创业计划书和汇报PPT。由于评委主要通过上述材料了解项目，需要将项目最核心的内容用清晰的逻辑呈现出来。另外，创业计划书的写作过程也需要进行不断的修改和打磨，精益求精。第三，合理搭配团队。参加创新创业大赛需要一个团队的完美配合，需要吸引不同专业背景、不同能力的学生参加。多元化的学科背景和能力组合，共同发挥协同效应，更容易在竞赛中取胜。学生在参加创新创业大赛过程中需要理性面对成功与失败。如果参赛的成绩不理想，应该通过团队交流和指导教师沟通，积极寻找原因，并进行改进。失败是成功之母，挫折可使人快速成长，通过参加创新创业大赛也可以使学生能理性地面对成功和失败。

（五）创业方案实施

创业方案的实施是本计划的最后一项内容。在本部分学生会参与到企业的创办过程中去，并开展企业的运作，进行创业营销和企业财务管理。

对于创业者来说，有必要了解目前我国法律规定的市场组织主体类型。不同的市场组织主体在法律上有不同的准入资格和约束，也各有其便利和优势。创业者可以根据自身创业实际或在不同的创业阶段选择不同的经济组织主体。也可以随着创业成果的积累，在不同经济组织主体之间进行转化或升级。现实中很多创业企业业务和收入已经积累到相当的规模，但是其运营实体还是个体工商户或合伙企业，这种运营模式将面临极大的法律风险，有可能多年来的创业积累毁于一旦。因而，创业者首先要务就是选择好进入市场的组织主体类型。创业者要根据创业初期的资金、合作伙伴、管理能力、技术成熟度、承担市场风险的能力、个人财富的保护等综合因素,选择适合自己的切入市场的经营组织主体。

创业企业没有老客户,并且由于企业知名度较低,如何进行创业营销也是一个重要方面。创业者应该根据商业模式中的市场定位,在进行广告和市场投放时,进行精准营销,切忌进行无差异的市场营销。企业应该建立市场监测和策略调整机制,在企业运作的过程中,定期进行市场分析,保持对关键市场信号的敏感度,随时进行市场营销策略的调整。如果创业企业所提供的产品或服务与市场短期需求不符,企业就需要考虑放弃现有产品或服务。先进性技术可能在当下的市场规模较小,可以等到市场趋势明朗时再进入市场。

创业企业的正常运作,无论是研发、生产、营销等各项活动都需要资金的支持,而创业企业在资金的筹集和管理等各方面都面临比成熟企业更多的困难和挑战。因而应该通过合理的资金筹划来解决企业的资金风险。首先,企业要解决启动资金的问题,如果没有启动资金,创业企业所有的技术、设计和未来发展的蓝图就难以开展,都是空中楼阁。没有办法获取第一桶金也是诸多创业计划无法成功开展的主要原因。在创业企业度过最初的阶段进入扩张期之后,创业企业需要投入大量的资金在研发、生产和销售等环节,企业需要对所能运用的资金进行合理的安排和调度,以防止资金安排不当出现用资风险。企业应该合理地利用筹集资金的各种方式。短期融资的方式有商业信用、银行短期贷款、短期融资等。获取长期资金的方式有吸收投资、发行股票、发行债券、长期借款和融资租赁等。

六、考核与成绩评定

课程考核方式为:考查。

学生在第 7 学期之前完成以下内容,折合学分达到 3 学分,可认定为课程考查合格:

(1)撰写市场调研报告;

(2)自主创办企业;

(3) 到知名企业或创业公司开展与创新创业相关的岗位实习；

(4) 参加校级及以上创新创业类学生竞赛并获奖；

(5) 参加学院、学校或社会相关单位组织的创新创业活动（含创新创业相关的公益活动等）、游学活动、创新创业讲座（不少于5场）等。

第三节 优秀学术人才培养计划

一、课程指导思想

为了贯彻落实教育部、财政部联合推行的"高等学校本科教学质量与教学改革工程"的文件精神，积极转变教育指导思想，重视提升学生的批判式思考的能力，培养学生独立展开学术研究的能力。以建设国内一流本科为培养目标，立足国内重视基础研究、建设创新型国家的发展趋势，以全面提升本科教学质量为重点，以学生的管理理论培育和学生研究能力培育为中心，以工商管理系的教授团队、国家级项目、项目课程研究、完备的教学配套设施、系统化的教材建设为依托，以建立与专业培育目标相适应的教学创新体系为手段，坚持教育科研相统一的原则，不断通过对管理科学与工程、信息管理和应用经济学等学科知识的吸收与借鉴实现工商管理学科的知识更新，在更深入的平台上构建工商管理创新人才培养体系，实现"优秀学术"人才培养知识体系创新；构建科研带动教学、教学促进科研的大学生"产学研"结合的人才培养机制，实现学术人才培养机制创新。

二、教学目标

优秀学术人才培养计划是管理学院工商管理系为了培养适应新时代优秀人才而设立的课程，有助于希望在本科学业完成之后，继续进行硕士、博士深造的学生打好坚实的基础。课程贯穿第2~7学期，学生可以利用这段时间，充分利用我校各类学术资源，培养和训练自己的学术能力;同时,学生遇到困惑和难题时,可以向工商管理系以及全院的教师询问,教师将积极提供辅导。每学期,由工商管理系教师轮流担任该课程的监督教师,负责随时考察和督促学生的进展。

通过本计划的实施,努力提升工商管理专业学生的学术思辨能力,进行文献检索和追踪的能力,能够自主查阅国内外最新文献,并能够初步判断文献的质量;提升学生对文献的阅读能力,掌握精读和泛读文献的一般方法;提升学生独立展开学术研究的能力,如何选题,如何确定研究框架,找到理论基础,收集资料并且成文;培养学生论文写作的能力,如何将自己的思路用清晰的逻辑呈现出来;培养学生有志于学术研究的长远兴趣,能继续攻读硕士博士研究生,为祖国培养优秀科研人才。在这一过程中,实现人才培养模式与专业的协同发展,深化工商管理上海市一流本科建设成果,在学术成果、教学成果、科研成果、课程建设、师资建设、人才培养、服务社会等方面为国内其他高校发挥引领作用,并且争取成为国家一流本科建设专业。

三、教学方式

优秀学术人才培养计划属于工商管理培养体系改革的新尝试,必须在教学方式上进行改进和创新。在现有课程的学习中,为了让学生在短时间内吸收大量的知识,在教学方法上过于注重灌输式教学,而在优秀学术人才培养计划的教学中,主要采用学士导师制和体验式学习的方式完成。主要通过学生和优秀老师结对,在学士导师的指导下学生直接参与到老师的科研项目中,在老师的指导下阅读文献,学习论文写作的一般模式,并且完成论文的写作。

四、学时分配

	教学内容	讲课	实验(实践)	上机	其他	小计
一	国内外文献阅读		1学期			

续表

	教学内容	讲课	实验(实践)	上机	其他	小计
二	文献综述撰写		1学期			
三	研究方法学习		2学期			
四	学术论文撰写及发表		2学期			
	合计		6学期			

五、教学内容与要求

选择该课程的学生需要在这段时间内,在教师的指导下,研读大量的国内外文献,学习关于科技论文选题、研究方法论、数据收集和分析方法、论文写作、论文发表等与提升学术能力有关的内容。

(一)国内外文献阅读

文献阅读是学术研究的开始。学术研究就是参与现有学者的对话体系,在参与这场对话之前,需要先行了解学者现有对话的内容是什么、大家感兴趣的话题是什么、大家的表达方式特点等。在本部分包括了收集文献、进行文献甄别、文献阅读和其他研究创意来源几部分内容。

学会收集文献是阅读的前提。学生收集文献的渠道有学校图书馆、学术搜索、网上公开资源等。上海理工大学图书馆购买了大量的数据库,这些数据库包括了经济管理类的知名和重要的国内外期刊,可以满足学生文献搜索的需要。国内期刊一般通过知网、万方、维普寻找。外文期刊可以借助 EBSCO 等数据库进行搜索。

在信息爆炸的时代,文献的收集对同学并非难事,但对文献进行甄别却是一项需要知识准备和经验积累才能完成的工作。对本科生而言,缺少直接进行文献判断的能力。这时可以借助一些客观指标进行文献质量的判断。第一,看文献的他引数量。一般而言,引用数量越多的文献,其质量相对越高。学生可以优先阅读那些引用数量较高的期刊。第二,看文献的发表刊物。对于中英文期刊,上海理工大学都有相应的分类标准。

中文期刊上海理工大学分为A、B、C、D四类，一般而言，A类期刊上论文的质量相对较好，但发表难度较大，D类论文质量较差。第三，看论文的收录情况。对于中文期刊而言，一般被中文社会科学引文索引（简称CSSCI）收录的期刊质量是较有保障的。对于外文期刊，可以看是否被SSCI或者SCI收录。

文献的阅读。阅读文献也是一项长期的系统工程，需要边读边学。一般而言，阅读文献先从该领域最经典的文献开始，对3～5篇最经典的文献应该采用精读方式，其他文献可以泛读。阅读不熟悉的文献时，可以选取一定的方法，比如应先读摘要，确定这批文献是否与我们的研究主题相关。再读引言部分和结论部分，如果确实感兴趣再去读理论基础和假设提出部分。

除了阅读文献之外，参加社会实践和观察最新的管理现象也是获取研究创意的重要来源。学生在参与实习或者其他社会实践过程中如果注意观察和体悟也会发现一些问题，比如为什么企业中部分入职1—2年后的员工会出现工作积极性下降，随着"00后"开始步入工作岗位，"00后"是互联网的原住民，如何提升"00后"的工作热情，等等。学生也可以通过观察的方式获取研究创意来源，比如我们在淘宝购物时都会参考商品的评价，但是对于不同商品我们对评价的依赖程度都是一样的吗？是不是我们在选购某些商品时更注重评价呢？在淘宝上有一个问大家的项目，这个项目和普通的商品评价有何不同呢？通过平时多观察，也是获取研究创新的重要来源。当然学生通过社会实践或者观察管理现象获得的选题来源，需要将这一选题进行理论化，然后有针对性地收集相关的文献。

（二）文献综述撰写

学生在阅读了一定数量的文献之后，需要对阅读的文献进行总结和思考，读了哪些文献，这些文献的主要内容是什么，关于这一研究主题有哪些研究问题已经被解决，还有哪些文献仍然需要解决。因此，学生需要掌握对文献进行总结性思考的方法。

文献综述的写作可以让学生掌握研究主题相关的基础知识和理论，学术研究是建立在前人的研究和已有的理论之上的，只有站在巨人的肩膀上才能看得更远，那么我们首先要爬上巨人的肩膀。文献综述的写作可以了解学术研究的最新进展，找准现有研究的不足之处。开展学术研究的主要目的是贡献新的知识和见解，如果我们自认为选择了一个有价值的题目，但是你对这一问题展开研究之后却发现，相同的研究别人早已完成，那么你的研究就仅仅是重复性的研究，其价值就大打折扣。因此，在写文献综述时，需要做到如下几点：

1. 根据文献阅读，选好综述的切入点

对某一领域的文献进行整理和归纳，也需要选好恰当的切入点。在学术研究中同一主题的研究可能来自不同学科的研究者，比如研究社会网络创新价值的学者，有的来自系统科学领域，运用的是计算机软件模拟的方法，有的来自社会学领域，用的是社会调查的方法，还有的来自管理学领域，用的是二手数据。这些文献虽然研究主题相同，但在研究所依据的理论、所采用的方法上都存在较大区别，如何对不同来源的文献进行归纳和整理需要作者发挥创造性的工作。

2. 把握好文献综述的结构

文献综述的写作一般分为摘要、引言、正文和结论等部分。其中引言部分是写作的重中之重，在引言部分应该说清楚为什么要写这篇文献综述，是否有人对本领域的文献进行了总结，你的文献综述有何价值？通过阅读你的文献综述可以得到些什么？你采用什么样的研究方法等？在论文的正文部分可以适当运用重排、组合、对比、总结，综合运用发散性思维和类比性思考。在正文部分需要对现有文献的发展脉络进行清晰的梳理，这些文献所依据的基础理论是什么，用了什么数据来源，采用何种方法来进行数据处理，都需要进行清晰的表达。

在结论与展望部分需要注重和引言中提出问题的相互呼应，不能虎头蛇尾。要对现有文献进行高度凝练和系统的概括，这种总结不是对正文的重复，而是要站在更高的视角进行批判性和创造性的总结。总结出这些文献所得到的一致的观点是什么,现有文献不一致的地方是什么,不一致的原因是什么,是由于数据和研究方法还是其他原因？下一步研究的重心是什么？该领域的研究和其他领域的研究有没有互动关系？

3. 把握好综和述之间的关系

文献综述包含了"综"与"述"两方面内容。"综"主要是指作者对现有文献的高度概括和归纳整理,通过"综"使该领域的文献以层次分明、条例清晰的形式呈现出来。而"述"的重心在于对现有文献进行深层次的系统的评述,说明现有文献已经解决的问题有哪些,尚未解决的问题有哪些,这些问题的解决对于学科的发展有无重要意义,该领域发展的前景如何,未来哪些问题值得大家进行着重研究？本科生往往重视知识的积累和总结,而批判性思考的能力不足,因此在写作综述时,往往只重视"综"而不重视"述"。如果只"综"不"述",就难以发现研究问题。学者展开文献阅读的目的不仅仅是积累知识,更重要的是发现问题做出学术贡献,只"综"不"述"会使文献整理的价值大打折扣。

(三)研究方法学习

"工欲善其事,必先利其器",进行学术研究必须掌握开展学术研究的一般方法。在本部分学生应该掌握管理学研究领域里最常用的研究方法：应用二手数据的研究、案例研究、基于调查问卷的研究和实验研究等。掌握了这些方法之后,学生应学会如何根据研究的主题选择适合的研究方法。

1. 学术研究的一般过程

当学生通过国内外文献的阅读或各种形式的社会实践得到了有价值的研究议题,并且通过文献综述了解了该领域的研究现状,接下来就可以对某一问题展开深入的研究。基本的研究方法可以分为基于演绎的方法和基于归纳的方法。基于演绎的方法是从现有的理论研究开始进行推演,遵循的是从一般到个别的研究思路。比如在论述专用性投资与关系治理机制的关系时,根据社会关系理论,随着专用性投资程度的提升,企业更多地寻求关系治理机制的保护。但制度经济学的理论认为,外部制度是影响企业行为的基本因素,随着经济法律制度的完善,建立在法律和契约之上的正式制度将逐渐取代建立在关系和信任之上的非正式制度。那么根据制度经济学的相关理论我们就可以推断,随着法律制度环境的改善,企业可以更多地依赖于正式的法律合同,而对关系治理机制的依赖性降低。有了这一理论推演,接下来就是进行数据的收集,再通过数据的分析验证上述结论。在这一研究中,自变量就是专用性投资。因变量是关系治理机制的选择,而法律制度环境就是调节变量。而归纳法是从观察开始的,到理论结束,这类研究适合研究者目前没有找到适合的理论对观察到的现象进行合理的解释。在归纳法中常常采用内容分析等质性研究方法。比如在研究中国代工企业的转型升级时,就可以采用归纳的方法展开研究,通过内容分析和编码,总结生成理论。

2. 管理学研究的常用方法介绍

第一,基于二手数据的研究。在管理学的战略管理、组织理论、创新和创业研究领域的学者经常使用二手数据进行研究。二手数据是相对于一手数据而言的,一手数据一般是管理者自己或者管理者委托他人,通过和调查对象的直接接触进行数据的收集,比如调查问卷和实验研究。而二手数据是来自他人为了其他目的而收集的数据,而这些数据经过整理可以用于我们的研究。常见的二手数据有上市公司年报、专利数据、工业企业数据库、统计年鉴、商务部对外投资统计数据库等。二手数据中的指标并非专为我们的主题研究而设计,但是经过数据的挖掘和整理,这些数据可以满足研究的需要,并且由于二手数据具有省时省力的特点,较为适合初学者展开研究。比如,在研究纵向一体化的决定因素时,交易成本理论认为决定一体化的因素有三个,其中最重要的是资产的专用性程度。对于资产的专用性程度又可以区分为5种:物理资产专用性、人力资产专用性、地理位置专用性、专项专用性和品牌专用性。但是如何衡量这几种专用性却一直没有恰当的替代指标。通过对二手数据的深入分析和挖掘就可以发现一些重要的线索,可以近似地衡量其中的地理位置专用性和专项专用性。比如对于地理位置专用性可以利用上市公司年报中公布的供应商的名称查询供应商的注册地,然后根据上市公司的注册地,就可以计算出二者的地理距离,地理距离越短说明地理位置的专用性越强。在获取了足够的数据之后就可以借助 SPSS 和 STATA 等数据分析软件对数据进行相应的分析。

第二,案例研究。案例是管理学家最早采用的研究方法,但随着量化研究的兴起,案例研究逐渐被边缘化,但近年来又重新受到学者的重视,发表在高级别管理学期刊上的案例研究的论文也逐渐增加。案例研究分为探索类、描述类和因果类案例研究三大类。探索类案例研究是研究者对个案特性、问题性质、研究假设不是很了解时进行的初步研究,目的是为今后的正式研究奠定初步基础。描述性案例研究是对案例特性已经有了初步认识的情形下,对案例研究进行的更仔细的描述和说明,以增加对研究问题的深入了解。因果类案例研究主要是为了发现变量之间的因果关系而展开的案例研究,比如为了发现研发组织结构与企业创新之间的关系,可以利用相关案例进行观察和总结。在进行案例研究时,为了保证研究的严谨性与可重复性。需要遵守如下标准:第一,构念效度,对所要探讨的概念进行准确的操作性测量。第二,内部效度,主要是指变量之间的因果关系不受其他条件或者因素的影响。第三,外部效度,指案例研究的结论的普适性,这一结论对其他企业和行业是否适用。第四,信度,信度是指研究的可重复性,如果其他学者按照相同的方法展开这一研究是否可以得到相同的结论。

案例研究的过程可以分为八个阶段。第一个阶段是启动阶段,主要工作是界定研究问题,找出可能的前导观念。只有研究问题聚焦才能进行下面的数据收集等工作。第二个阶段是研究设计阶段与案例选择。在这个阶段需要决定是选用单案例研究还是多案例研究。多案例研究的结论更为有力,但是所花费的时间和精力也较多。案例选择一般是选用理论抽样的方法。这样有助于研究选择独特的案例用于建构变量之间的关系。第三个阶段是研究方法与工具选择。案例研究中的方法一般为质性研究方法,如深度访谈、半结构化访谈、直接观察和档案查阅等。在案例研究中，特别强调多研究者参与，不同研究者的参与可以从不同的视角来观察案例企业的运作，也使得研究的结论可以相互印证。第四个阶段是资料收集。在此阶段，要求资料收集人员具有必要的人际沟通技能，以使得访谈能顺利进行，研究者通过现场笔记的方式进行资料的记录，资料需要在研究团队内进行讨论和分享。第五个阶段是资料分析，资料分析阶段是案例研究的重中之重的环节，通过此阶段对收集的资料进行分析和整理以得到有价值的关联，是一个大浪淘沙的过程。可通过数据编码和描绘数据深层结构等方法来进行资料分析，以实现理论框架的建构。第六个阶段是形成假设和理论化。通过资料分析，变量间的关系逐渐明晰，此时就可以进行假设的检验和理论的建立。第七个阶段是文献对话，在此阶段将通过案例形成的理论和现有文献中的理论进行联系和对比，以厘清理论之间的发展脉络。第八个也是最后一个阶段就是结束。当通过现有或者新增案例的分析无法获取新的有价值的信息，或者无法对已形成的结论提供改善时，案例研究就可以结束了。

第三，基于调查问卷的研究。调查问卷方法成本低廉，可以快速有效地收集数据，信度和效度相对较高，因而是管理学领域中应用最为普及的方法，被人力资源和组织行为、消费者行为和心理学、社会学领域学者广泛采用。但问卷的质量受制于问卷填写者的态度和行为，由于问卷填写者的理解能力或者不认真的态度会降低问卷方式获取数据的质量。因此，研究者需要采用有效方法保证问卷的有效性。

要精心设计问卷。对于问卷的量表设计可以借用学者已有的问卷或者自己进行设计。对于本科生而言，一般推荐借用现有学者的量表。利用现有的量表应该选择那些在现有文献中被反复应用的量表，这些量表在发表过程中，会被编辑和审稿人进行审查，长期的检验使得这些量表具有较高的信度和效度。

充分考虑共同方法变异问题。共同方法变异是问卷研究中由于测量方法单一所造成的变异，在数据测量过程中如果自变量、因变量和调节变量等都来自同一个调查者的问卷，就会出现共同方法变异问题。比如在研究供应商对企业创新的影响时,利用调查问卷从企业的采购经理处获取供应商的创新绩效和企业创新绩效的数据,就很容易导致采购经理对供应商创新绩效的认识缺乏准确性,关于供应商的数据如果从供应商处获取就可有效避免这一问题。

第四,实验研究方法。实验研究方法是在实验室环境下进行的有控制的实验。实验者操纵自变量,来观察自变量的变化会对因变量产生多大的影响,从而发现自变量和因变量之间的关系。比如在市场营销研究中,为了研究电商购物中评价对消费者选择的影响,可以提供几个其他相同但评价存在差异的商品链接让消费者进行选择,以此来观察评价如何影响消费者的购买行为。实验可以分为现场实验和实验室实验,实验室实验的操纵较为便利,是本科生进行学术研究的首选。

在进行实验设计时,需要遵守实验设计的随机化和可复制性两大原则。随机化要求在进行实验组分配时要做到随机分配,这样可以使观察的误差服从随机分布。比如在研究评价与追加评价如何影响消费者选择时,如果分配的两组消费者在年龄和性别上存在显著差异,由于年龄和性别会影响消费者选择,则我们就不能准确评价对消费者选择的影响。可复制性是指在相同的条件下,重复的实验可以得到类似的实验结果。可复制的实验才有较高的信度。在进行实验研究时,如果设计的自变量为1个,可以只进行组内设计或者简单的组间设计,如果自变量为两个或者两个以上,就需要进行因子设计。

3. 选择合适的研究方法

在管理学的研究中存在多种研究方法,这些研究方法并不存在好坏之分,需要根据自己的研究主题和资料获取等情况选择合适的研究方法。不同的研究方法可以为不同的研究问题提供解答。好的研究设计可以将研究涉及的变量纳入一个清晰连贯的体系,以此回答研究者提出的问题。严格的研究设计保证了可靠的研究结论。Daft(1995)曾经回顾了自己在《美国管理学会学报》《管理科学季刊》担任审稿人的经验。他认为在最后被拒绝发表的文章中,大约有20%是因为研究设计不当。

研究者应该在分析自己研究问题的基础上，选择最为合适、经济的方法。因此，在选择研究方法时，应该考虑以下几个问题（Royer & Zarlowski,2001）：

(1)这种方法适合回答我的研究问题吗？
(2)这种方法可以带来预期的研究结果吗？
(3)使用这种方法需要哪些条件？
(4)这种方法自身有哪些局限？
(5)还有哪种方法适合现在的研究问题？
(6)现在选择的方法优于其他方法吗？如果是，为什么？
(7)在使用这些方法时，我需要掌握哪些技能？
(8)我现在掌握这些技能吗？如果没有，我可以学到这些技能吗？
(9)我是否需要其他的方法来提高对研究对象的观察？

对于开创性的理论研究，比如要研究人工智能时代的商业模式创新，由于缺少相关的基础理论，可以采用案例研究等质性研究的方法；对于研究高管团队与企业创新，可以借助于上市公司年报和国家知识产权局的二手数据进行研究；而要研究员工建言与领导方式之间的关系，则可以利用调查问卷的方式收集数据。如果研究网红直播如何影响消费者的购买决策，就可以通过实验方法来获取数据。

四、学术论文撰写及发表

优秀学术人才培养计划最终目标是培养学生的学术研究能力，而学术论文的撰写和发表是评价学生学术研究能力的重要指标。

(一)学术论文的特点

注重论文的创新性。创新是学术论文的灵魂，也是评价学术论文质量的核心指标。学者进行学术研究的本质目的也就在于增加学术贡献。如果论文缺少创新，仅仅是对现有研究的重复，也就不能为学术领域增加新的知识和贡献，这种论文就缺少价值。首先，创新存在不同的层次，如果从方法和结论两个维度进行评价，最高层次的创新就是既有数据方法的创新也有观点的创新,其次是用老的方法得到新的结论,第三个层次是用新的方法研究旧的结论,最后是用老的方法得到前人已有的结论。如果是老的方法验证前人已有的结论,就如同做课堂作业一般,这种论文很难被认可和发表。但对于本科生而言,需要循序渐进,可以先用验证别人的结论开始,熟悉研究的方法,然后逐渐过渡到较高的层次。

语言要准确、简洁、客观和真实。一篇优秀的学术论文不但要观点新颖、方法合理,而且应该力求表达流畅,如行云流水一般。学术论文的语言表达与文学语言的表达存在较大差异,文学语言常采用较多的修辞手法以增加语言的吸引力,但学术论文的语言力求客观真实。学术论文的写作力求对客观事实的还原,需要在遣词造句时力求精准。学术论文的语言应该力求简洁,凡是可以删掉后不影响意思表达的语句都可以考虑删去,最终实现增一字太多、减一字太少的境界。论文的结构要清晰、合理。当然语言是一项需要进行长期积累和体悟的工作,只有多读、多写、多思考才能不断提升语言表达能力。

图表规范。在学术论文中会经常利用图或者表来协助说明问题。图经常用以说明理论变量之间的因果关系,如在实证论文中最常用的变量之间的关系图。图是高度概括化的文字,可以更为清晰地表述作者的思路,也有利于读者理解论文。表经常用来说明数据处理的结果或者进行文献结论的整理等,通过表可以更清晰地描述数据处理的结果。在用图表时应该注意格式的规范,一般而言图的标题在图的下面,而表的标题在表的上面。

参考文献引用合理。学术论文都是建立在前人已有的文献之上的,都是对前人研究的继承与发展。因此,参考文献的合理引用就至关重要。第一,注重引用经典文献。一项理论的发展,是众多学者集体推动的结果,但是理论的核心部分通常来自某一个或者几个学者的数篇论文中,比如核心竞争优势理论,就来自普拉哈拉德和哈默在哈佛商业评论上的经典理论。在文献引用时,尽可能引用这些经典论文。第二,引用参考文献时,一定要注意查阅一手资料,避免二次引用。部分学生为了节省时间,采用转引的方式,可能会曲解文献的本意,因为引用造成的以讹传讹的例子不胜枚举。第三,引用参考文献一定要和论文内容一一对应。初学者常犯的错误就是,在论文中实际进行了引用但不进行标注,这容易形成学术不端。

(二)学术论文的选题

工商管理领域存在众多研究方向,要完成学术论文,首先需要选定一个细分领域。比如可以是人力资源管理、战略管理、运营管理、创新管理等研究方向。有了研究方向之后,就可以去读该方向的一些高等级期刊,了解这些期刊关注的热点问题是什么,在研究方向内选定具体的研究点。比如,选取了创新管理作为研究方向,就需要了解在创新管理领域内大家都在关心哪些话题,比如创新生态系统的建立、基础研究领域的创新管理模式等问题。在阅读文献时,需要时刻思考如下问题:当前关于这一研究主题,已经形成了哪些观点和看法,这些观点和看法你认为是否正确?存在哪些争议,争议的焦点是什么?在读文献的同时进行思考,是发现研究问题的主要方式。

在阅读了大量具有某种相关性的论文之后,如果是一边阅读一边思考的话,必然会对其中若干问题形成自己的看法。在思考的过程中会发现一些研究领域中并未形成一致观点的问题,这些文献结论的相互矛盾之处,往往就是学生选题的较佳切入点。当然在选题过程中,需要和自己的学士导师进行沟通和讨论,导师的学术阅历和学术经验更为丰富,可以更好地把握选题的可行性。在最终选择论文题目时,需要注意如下几点:

第一,注意资料的可得性。论文写作是一种学术活动的积累与传承基础上的创作,能够获取基础研究文献就显得特别重要。当然现在数据库较为方便,获取文献一般不存在太多问题,学生更应该注重的是一些数据资料的可得性,工商管理专业的论文不是单纯思辨性的论文,需要在现实中证明理论推论的准确性和管理的可行性。如果没有数据资料的支持,将无法证明自己的见解,你的观点就很难得到别人的认同。

第二,可以选取有争议的议题。有争议的议题多数是热点问题或悬而未决的问题,各种观点壁垒分明,这种议题往往更容易得到编辑的认可。不同的观点可能是基于不同的理论基础和数据来源方法,因此得到的结论存在差异,如果能够调和这些矛盾,这就是我们的重要理论贡献。比如交易成本理论认为,随着资产专用性程度的提升,企业将更多地采用一体化的治理模式,但现实中的现象往往并非如此,手机和电子产品等一些高科技行业中虽然存在大量专用性投资,但并未出现纵向一体化的趋势,反而是一体化的分解。这就存在理论与现实的矛盾,从这一问题入手就是一个很好的研究议题。

第三,题目选择宜"小题大做"。初学者在选题时,往往会选择那些较为宏观的题目,认为这些题目可以囊括较多内容,比较好写。但是这种大题目,虽然具有较高的理论意义和现实意义,但是其学术意义可能不高。其原因在于,这种题目关注的人较多,而学生由于经验和能力限制,更难形成自己的新见解,勉强敷衍成篇,反而显得浅薄和空泛。题目过大,涉及面太广,资料也收集不全,所以题目宁可小些,比较容易全面掌握现有的研究成果,研究也较为容易深入。在此基础上深入探讨就显得游刃有余。应该小题大做,而不是大题小作。

(三)学术论文的结构

学术论文的结构虽然没有固定的标准格式,但是经济管理领域的学者长期以来也形成了约定俗成的结构:提出问题(绪论)→讨论问题(本论)→得出结论。学生可以通过阅读顶级期刊的优秀论文的方式,认真学习和思索学术论文的规范形式。一般学术论文包括这几个方面内容:标题、摘要、引言、理论与假设、数据处理和结论。

学术论文的题目应该简洁。学术论文的题目是对全文中心内容的概括,读者在查阅文献时一般是根据题目来判断是否下载和阅读这批文献,所以题目中应该对研究的中心内容进行恰当的概括,标题的内容应该较为简练,一般而言字数以不超过 20 个字为宜,在允许的范围内字数越少越好,但前提是要确保题目对研究内容的准确涵盖。如果内容较多,可以加副标题。一个好的学术论文题目应该能吸引编辑和读者的眼球,如果能在题目中提出一些争论或者问题，则使得论文被别人读到的机会大增。比如《东山再起：怎样的国家制度设计能够促进失败再创业？——基于56个国家7年混合数据的证据》，题目就较为醒目，容易激起读者的兴趣，这篇论文就得以发表在国内最重要的管理学期刊——《管理世界》上。学术论文的标题应该避免使用代号、公式、不为学科领域所共知的缩写语，标题的写法应该符合语言表达的特点，不能出现病句。

论文结构安排上应该层层深入，尤其是在引言部分应该注重如何提出问题，吸引读者的注意。在正文部分要清晰详细地交代理论基础和假设的提出过程。包括理论的依据、所依据的文献，理论贡献是工商管理专业的论文最为看重的创新之处。这种理论贡献一般可以结合文献综述提出，现有文献的不足之处是什么，本文的研究主题是如何弥补现有文献的不足的。在数据的处理部分要清楚地说明数据的来源及处理方式。要详细地交代论文是如何获取研究所需的资料的，资料的来源是什么、获取的过程如何，论文是如何确保获取资料的信度和效度的。在研究方法部分要说清楚采用的是何种方法进行研究，如果方法是前人的，要注明出处，如果是对前人的方法做了改进，需要指出在哪些方面做了改进，以便于学者在后续的研究中进行重复验证。在对资料的数据处理得出初步结果之后，需要对结果进行分析，这也是论文的关键部分。在此部分需要说明，前文所提出的研究假设中有哪些假设得到了验证，有哪些假设没有得到验证。对于那些没有得到验证的假设需要说明原因。结果分析要以理论为基础，以事实为依据，认真、仔细地推敲结果，既要肯定结果的可信度和再现性，又要进行误差分析，并与理论结果做比较，说明存在的问题。压缩或删除那些众所周知的一般性道理的叙述。最后是研究的结论与讨论。对结果进行讨论，目的在于阐述结果的意义，说明与前人所得结果不同的原因，根据研究结果继续阐述作者自己的见解。另外也可以在此部分说明本论文研究的不足之处，在数据收集、研究方法上或者理论建构上存在哪些不足之处，可以结合这些不足之处提出将来研究的方向。

(四)学术论文的投稿

学术论文经过选题和写作等过程终于完工了,下面进入投稿环节。在投稿环节也有一些需要特别注意的事项。

第一,论文完成后不要急于投稿。如同武功初学者总想找人去切磋一番一样,初学者完成了自己的第一篇学术论文后会比较兴奋,总想去投稿试水,验证自己的价值。但论文完成后可能在逻辑和语言表达上存在不妥之处,此时应该将论文放置几日后,再拿出来重新精读,此时可能会发现一些问题。如此反复,直到不能发现问题为止。当然,也可以请老师或者有经验的学长帮助进行修改。这种反复修改,看似拉长了投稿的时间,但可以提高论文的命中率,实际上节省了因投稿被拒重新选择期刊的时间。

第二,论文投稿时,应该了解刊物的偏好。不同的期刊因为其举办者不同,办刊的宗旨不同,其刊载的论文的偏好也存在较大差异。比如国内在创新领域的 CSSCI 期刊《科学学研究》《研究与发展管理》《科学管理研究》等。这些期刊的侧重点存在较大差异,比如《科学管理研究》注重追踪国内外最新鲜的科技管理信息,内容涉及科技体制改革企业及农村技术进步、科技与经济结合以及决策预测理论、科学学、人才学、未来学等方面的综合性研究,同时努力探讨科学研究方法论、软科学学科建设等方面的问题。而《科学学研究》重点关注科技强国、科学学理论与方法、区域创新发展、创新创业和创新人才培养等领域的工作。而《研究与发展管理》更为注重刊登科学技术发展及其应用方面的管理研究论文。了解期刊的偏好,可以增加投稿成功的概率。

第三,要对投稿论文有一个清晰的认识。心理学的研究发现,多数人倾向于高估自己的能力和水平。在投稿中常犯的一个错误就是好高骛远,本来文章质量平平,而心气很高,非要投给高等级期刊,其结果可想而知。应该多向师长请教,对自己的论文的层次有一个清晰的认识,有针对性地进行投稿。比如对于创新管理的论文,如果是本科生的习作缺少重大的创新,投稿给管理学院认定的 A 类期刊《科学学研究》或者《科研管理》，被录用的可能性较小，因为这些期刊上难以发现本科生作者。而如果投稿给管理学院认定的B类期刊《科技管理研究》，被录用的可能性就相对高一些。因此在投稿时应该合理评估论文的等级，循序渐进，不可不分青红皂白，抱着撞大运的心态一味地投稿高等级期刊。

第四，认真对待编辑的修改意见。随着国内期刊编辑水平的不断提升，多数期刊的论文在录用之前都要经过一轮或者几轮的修改。因此，当你的论文收到修改意见时，意味着你的论文被编辑和外审专家初步认可，应该认真而细致地对照修改意见，对论文进行详细修改。修改论文的态度一定要认真，不可抱着蒙混过关的态度。如果是补充理论，就一定要去查阅经典理论，进行理论的完成，如果是补充数据，就一定要去下载最新的数据进行重新计算和补充。如果实在不能修改的，也要详细和真诚地说明原因。在论文修改完成之后，要对修改之处写一份详细的修改说明，供编辑和审稿人查阅。

五、考核与成绩评定

课程考核方式为：考查。
学生在第7学期之前完成以下内容，可认定为课程考查合格：
(1)在任课教师指导下发表B类及以上的学术论文；
(2)参与工商管理系老师主持的省部级及以上课题；
(3)被国内外高校录取为研究生。

第四节 优秀人才(国际)领导力培养计划

一、课程指导思想

在经济全球化的发展背景下，国家之间的互联和互通日渐紧密，人才培养也需要进行国际化的布局。为了贯彻落实教育部、财政部联合推行"高等学校本科教学质量与教学改革工程"的文件，积极转变教育指导思想,重视提升学生的英语交流能力,培养学生的国际化视野。以建设国内一流本科为培养目标,立足我国对外开放全面深入的大背景,以全面提升本科教学质量为重点,以学生的国际化视野、国际化交流和国际化信息获取能力的培育为中心,以工商管理系的国际化办学为依托,以建立与专业培育目标相适应的国际化人才培养为手段,重视培养学生的国际意识、合作精神、创新能力和诚实守信的品质等;要在能力培养方面体现国际化特色,不断提高学生的国际化交往能力,促进学生提高其掌握国际交流、国际对话和获取国际信息的能力。

二、教学目标

优秀人才(国际)领导力培养计划是管理学院工商管理系为了培养国际化人才而设立的课程,主要面向希望在未来进入跨国公司或前往海外留学就业的中国学生,以及来自不同国家的留学生。充分利用工商管理系中美合作办学优势,为学生提供前往美国学习、生活的机会,提升英语交流能力,亲身体验外国文化,增强与不同国家、地区、文化背景的人打交道的能力,提升国际化视野,具备在国际化公司工作甚至担当领导者的素质。同时,帮助留学生了解中国,鼓励留学生在中国企业实习,使他们在毕业后愿意并能够胜任在中国工作,为中国企业输送国际化人才。

通过本计划的实施,努力提升工商管理专业学生的国际交流能力,在全球化的时代这一能力显得尤为重要,不仅仅是熟悉英语更重要的是熟知国外文化;提升学生对国际规则的掌握,比如发达国家的会计和商业规则与我国存在不少差异,通过国际交流促进学生了解这些规则;培养学生的国际化领导力,应该具有多元化兼容并包的心态,为今后在跨国公司中与国际化员工合作打下基础;培养留学生对中国文化的认同,让留学生成为中国文化和中国改革成就的宣传者。在这一过程中,实现人才培养模式与专业的协同发展,深化工商管理上海市一流本科建设成果,在学术成果、教学成果、科研成果、课程建设、师资建设、人才培养、服务社会等方面为国内其他高校发挥引领作用,并且争取国家一流本科建设专业。

三、教学方式

优秀人才(国际)领导力培养计划属于工商管理培养体系改革的新尝试,必须在教学方式上进行改进和创新。采用中外合作办学+实习实践+教师监督指导+学生自学的方式。

在现有课程的学习中,为了让学生在短时间内吸收大量的知识,在教学方法上,过于注重灌输式教学,而在优秀人才(国际)领导力培养计划的课程中,主要采用实践教学和体验式学习为主,辅助以老师监督指导的方式完成。学生借助于专业和美国北达科他大学合作办学或者其他学校访学和交流的方式,在参与的过程中拓宽自己的国际化视野与知识能力结构,最后完成国外硕士申请或者英文论文发表等成果。

四、学时分配

	教学内容	讲课	实验(实践)	上机	其他	小计
一	国外合作办学高校访学		1~2学期			
二	国际型企业实习		1学期			
三	组建国际化学生团队参与竞赛		1学期			
四	领导力专题研读		1学期			
五	发表英文论文		1学期			
	合计		6学期			

五、教学内容与要求

该课程在第2~7学期完成,选择该课程的学生需要在这段时间内,前往我系中外合作办学高校——美国北达科他大学,或其他学生自主联系的国外正规高校访学1~2学期,需按要求完成中外双方约定的课程和学分;同时,需要在国际型企业(所在地国内或国外均可)完成至少1

个月的实习,由实习单位导师评定学生实习效果认定;切实提升学生的国际领导力;最后,学生需要通过多途径,如英文文献阅读、MOOC 学习等形式,学习国内外领导力实践知识,并培养用英文汇报所学知识的能力。

(一)参加国际游学项目

在国际交流日趋频繁的大背景下,国际游学作为一项短期项目受到众多学生的关注。通过国际游学可以到英国、美国、德国等发达国家的世界名校和知名企业去参观学习,游学不但是未来国际交流、读研究生的一种预先体验,而且对今后工作和更好地融入社会提供了进一步决定的依据。通过国际游学可以开阔学生的国际视野,丰富学生的人生阅历,增加学生对国外文化的了解,有利于培养学生多元化的文化理解,学生在游学的过程中也可以学习团队沟通与合作,了解西方教育体系和教育理念,感受西方教育的风格,体悟中西方文化的差异。提升对外国的学校、教育模式和质量的感性认识和判别力;观赏和领略各国优美的自然风光等,游学的这些独特优势都会为今后出国留学奠定更加扎实的基础。国际游学项目一般持续 2~3 周时间,学生去往国外,学习语言课程、参观当地名校、入住当地学校或寄宿家庭、参观游览国外的主要城市和著名景点,是学和游的结合。上海理工大学国际交流处给学生提供了多种国际游学项目,可以供同学们进行选择。

1. 考文垂大学中国合作院校国际夏令营

第一,项目概况。考文垂大学中国合作院校国际夏令营是一个集学术充电、名校体验、英伦文化、都市风光、探索自然为一体的游学项目。自 2008 年开展以来,吸引了近 500 名来自中国不同合作院校的学生积极参与,并得到了学生们的一致好评。此项目以学术为主、游学为辅,学术与游学相结合的方式,既能让学生沉浸在考文垂大学的人文环境中,感受地道的英式教学,又能感受英伦文化的别样风情。

在夏令营期间,学生将在考文垂大学参加由大学精心安排的专业课程和学术讲座,与考文垂大学的师生进行面对面的交流,在提升英语交流水平的同时,还能亲身感受到来自英国高等学府的校园氛围和学习方式。除了学术交流外,学生们将通过丰富多彩的文化考察和旅游活动,切身感受英伦生活,开阔视野,对英国有更深刻和全面的了解。从文学巨匠莎士比亚故居到奢华雄伟的华威古堡;从英国埃文河畔斯特拉特福小镇到拥有英国最古老大学校园的牛津;从大名鼎鼎的湖区到苍茫壮阔的苏格兰高地;让学生们在开阔视野的同时,也融入英伦生活。所谓读万卷书,行万里路,夏令营项目让学生在旅途中学习,也在旅途中收获。

第二,参加夏令营申请条件。凡在合作院校在读大二、大三及研一学生并有出国留学愿望;申请者需具备通过 CET 4 级以上或雅思 5.5 分以上的英语能力。

第三,考文垂大学国际夏令营日常安排。日程共 3 周 21 天。

第一天:考文垂大学学生大使将在伯明翰国际机场欢迎学生的到来,并带领学生乘坐火车前往考文垂大学,火车行驶时间为 20 分钟,抵达考文垂大学后,直接办理入住手续。

第二天:签证、护照、邀请信等相关文件检查;举行欢迎仪式和夏令营项目介绍;参观考文垂大学和考文垂市中心;体验考文垂大学在欧洲高等学府中最大的模拟股票交易平台。

第三天:团队建设,寻宝游戏;英语课程教学;自由活动时间;对话孔子学院;与考文垂大学在校生进行学习体验互动活动;参观国家交通工具设计中心。

第四天:游览牛津和比斯特名品折扣村。

第五天:英语课程教学、讲座:职业与就业——国际学生的发展机会;游览华威城堡。

第六至第十天:苏格兰之旅。

第十一天:英语课程教学,国际化战略;考文垂大学学生社团活动介绍;躲避球运动。

第十二天:讲座,英国人与英国文化介绍;游览 Bourton-on-the-water 小镇,体验英式下午茶。

第十三至第十五天：伦敦之旅。

第十六天：游览莎士比亚故居，Stratford-Upon-Avon 小镇。

第十七天：英语课程教学；讲座：当代小说《哈利·波特》与英国文化；参观考文垂大教堂；考文垂大学电视演播室互动活动。

第十八天：参加考文垂市市长出席的欢迎会以及参观考文垂市政厅；游览英国第二大城市伯明翰和吉百利巧克力世界。

第十九天：英语课程教学；篮球运动；准备夏令营汇报演讲。

第二十天：汇报演讲及夏令营毕业典礼并授予证书；户外烧烤。

第二十一天：乘坐火车从考文垂前往伯明翰国际机场，离开英国。

2. NHTV 布雷达大学青年企业家欧洲三国夏令营简介

本夏令营是由荷兰公立大学——NHTV 布雷达应用科学大学组织，并获得荷兰教育部资助的非营利活动。作为高度国际化的国家，荷兰居住着来自 139 个国家的 170 万居民，荷兰以开放和自由的文化享誉世界。荷兰的人均 GDP 名列世界前茅，是世界上最发达的国家之一，也是高等教育最发达的国家之一，还是全球顶尖大学密度最高的地区，13 所大学全球排名均在 200 名以前，2 200 门全英文授课的课程，成为非英语国家中开设英文课程最多的国家。荷兰的科技创新能力名列全球第三，国家竞争力名列全球第五。

第一，大学简介。NHTV 布雷达应用科学大学（NHTV Breda University of Applied Sciences），以下简称布雷达大学（学校网址：www.nhtv.nl.ENG），是一个现代化的不断发展的教育机构，是荷兰最早提供英文授课的欧洲知名大学之一。自 1966 年成立以来，布雷达大学已发展成为一个知识和专业技能的国际中心，提供物流与经济管理、城市建设、数码娱乐、酒店与房地产设施、观光休闲等领域的学士与硕士课程。布雷达大学自 2011 年以来已连续 6 年被荷兰"Keuzegids"（Keuzegids 是荷兰一家独立的教育质量评估机构，也是荷兰最权威的教育评估机构）评为最佳应用科学大学之一。布雷达大学与中国复旦大学、对外经济贸易大学、香港理工大学、浙江大学、杭州师范大学、上海师范大学、东华大学及澳门旅游学院签订协议，成为友好合作伙伴。还与欧洲及美国大学有交流课程，学生可以在国际化专业领域发展自己的事业。

布雷达大学不仅注重学习理论，更注重在商业氛围中的实践。学校不光注重学生掌握专业知识的能力，也更倾向于个人专业实践能力的提升。教师不仅仅只给学生讲解，同时也希望学生积极回答问题、表达看法。此外，学校也希望学生既能独立工作也能参与到团队中工作。学生在独自学习理论的同时更要在团体中进行实践作业，也就是以问题为基础的学习方法（PBL），与学校有合作的公司可以提供学生应用所学知识的环境，所有在布雷达大学学习的学生都必须参加至少一学期的实习课程和公司观摩，客座教授讲课，案例研究。到目前为止，布雷达大学已有来自 50 多个国家约 6 500 名国际学生参与各种课程，学生将不仅学习到荷兰的商业文化，而且可适应国际化的工作环境。

第二，政府支持。布雷达大学通过增加与政府高等教育管理部门的紧密合作，更加公平透明地面向社会。可以支持并担保布雷达大学的问责政府机构如下：

问责结构	负责机构
垂直外部问责制	教育、文化与科技部
垂直内部问责制	监督委员会
平行式外部问责制	中央与地方政府、行会、公司与组织
平行式内部问责制	参与理事会、员工与学生

第三，所在城市（平静而有活力的大学城）。布雷达大学坐落于布雷达（Breda）市，布雷达是荷兰南部一座历史悠久的城市，古城中有教堂与城堡等古迹。布雷达市建成于 1403 年，是一座充满活力的大学城，全市约有 17 万居民，其中有超过 10% 的居民是学生。布雷达市还在 2009 至 2011 年荣获了"最佳城市中心"称号。评委根据生活质量、安全、生活环境、城市发展、商业发展、投资、未来持续性发展等，选择了布雷达市。

从 17 世纪起，布雷达市就以啤酒而闻名遐迩。每年二月这里都会举行狂欢节,复活节期间有古董市场,五月还有爵士月节,七月有音乐节,全年热闹非凡。布雷达毗邻阿姆斯特丹、鹿特丹、海牙、德国科隆和比利时布鲁塞尔。布雷达市也有许多文化体育活动和学生社团,是个非常适合读书的城市。此外,布雷达市的生活费比阿姆斯特丹和鹿特丹等大城市低廉许多。

第四,项目背景介绍。为了响应欧盟2011年颁发的《加强与中国在教育、文化、青年和研究方面的合作》(EU and China set to boost co-operation on education, culture, youth and research)文件,布雷达大学执行董事会(Executives Board)将与中国发展教育合作项目制定为当下重要的战略方针。根据此战略方针,布雷达大学于2015年展开了专门针对中国学生的暑期夏令营活动。基于2016年夏令营的成功举办和其他合作院校的要求,与布雷达大学执行董事会和物流与经济管理,城市建设学院主任(Academic Director: Leo Kamp)的强烈支持下,我校扩大了2018年夏令营的规模,并增加不同的课程。

第五,夏令营主题及目标。学习欧洲文化,深入了解当今商业与科技技术的发展前沿,开启国际商务视角。学习欧洲企业文化与礼仪,掌握进入欧洲高级商务圈(世界五百强企业高管、知名咨询师与律师、政要人士等)的交流能力。

2018年布雷达大学欧洲三国青年企业家夏令营适合广大高中及大学生,主旨让学员了解欧洲文化,学习欧洲先进的管理技术,掌握欧洲商务圈的行为规范,与欧洲各大学、大型企业取得联系,并且掌握建立有效的工作网络的技能,为以后的发展做好充分的准备。

第六,夏令营活动介绍。2018年布雷达大学青年企业家欧洲三国夏令营通过对荷兰、比利时和德国三个国家访问实践的形式,学习了解欧洲的先进管理技术与历史文化。

参加夏令营的学生在完成所有课程、培训、实习与项目后,将会获得由夏令营组织者颁发的相应毕业认证。

在荷兰的参访地点为阿姆斯特丹、鹿特丹、乌特勒之等重要的国际商务大城市,以及蒂尔堡、埃因霍芬等荷兰知名大学城;文化之旅地点为:羊角村、小孩儿堤坝等。在比利时的参访地点为布鲁塞尔和安特卫普。德国的诸多知名制造业城市(帕彭岛小水都、施腾达尔、莱比锡、汉诺威),以及商业城市科隆和首都柏林。

日程安排为:2018年7月1日周日到达荷兰,7月1日周日开始,7月14日周六结束,历时14天。

(二)参加国际交换项目

国际交换项目基于上海理工大学与国外高校之间的校际合作协议,遵循学费互免、学分互认、学生互派的原则,学习期限通常为1学期或1学年。入选交换项目的学生,派出时一般为我校全日制大学三年级(含)以上的本科生及非委培、非定向研究生,在境外院校进行课程学习、毕业设计、科学研究。学生在交换期间,学籍仍在上海理工大学,与上海理工大学在校生享有同等权利、承担同等义务。学校对于境外学习所取得的学分予以承认,但需要在教务处办理学分认定程序。境外交流生在派往国(境)外学习前,必须填写"上海理工大学本科学生赴国(境)外学校修读课程计划",递交学生所在学院审批,报教务处备案,作为外校课程成绩及学分认定的依据。境内外交流生在交流学习结束返校注册二周内,办理校外课程成绩及学分认定的相关手续。目前上海理工大学和全球近20个国家的50余所大学开展了国际交换项目。

1. 国际交换项目学生的选拔条件

第一,政治思想表现好,具有正确的世界观、人生观和价值观。品德优良,遵纪守法,无违规违纪记录。

第二,学习成绩优良,具有较强的学习能力、实践能力和创新能力。派出境外高校交流学习的学生,须具有较强的外语听说读写能力。

第三,身心健康,能够圆满完成交流期间的学习任务。

第四,符合合作院校规定的申请条件。

2. 交流生选拔程序

第一,交流生的选拔,坚持"公开、公正、公平"原则。

第二,根据每年校际交流项目的名额和专业要求等,由学生本人向所在学院提出申请,填写"上海理工大学本科学生交流学习申请表",附本人成绩单,由国际交流处和有关学院根据选拔条件对申请学生进行综合考评,择优确定交流学生名单并报送教务处备案;无备案的交流学生,其交流期间的学习成绩将不予认定转换。

3. 主要国际交换项目介绍

其一,美国北达科他大学交换项目。创办于1883年的北达科他大学简称UND,位于北达科他州和明尼苏达州的交界处格蓝福克(Grand Forks),历史久远,为北达科他州内最好的公立大学。UND的专业学院分门别类,主要学院为护理学院(The College of Nursing)、医学健康科学学院(The School of Medicine and Health Sciences)、人文与科学学院(The College of Arts and Sciences)、法律学院(The School of Law)等,提供了150种以上不同专业领域的课程,供学生选修。UDN位于美国中西部,其生活形态是非常典型的美国乡村生活,以农业为主,主要种植的农作物为小麦,另外有石油、煤炭业和制造业等。

北达科他州的天气四季分明,变化极大但空气十分清新,夏天的平均温度为19℃～25℃,随时可见一望无际的大草原,不时可见到许多当地的野生动物,十分壮观。冬天的平均温度为－16℃～－10℃,会下雪,甚至于严寒。而格蓝福克是一个拥有50 000名左右居民的典型大学城,居住在这里的居民,多半是教职员及学生等,学术气息浓厚,环境幽雅,拥有许多天然资源及休闲设施。在北达科他大学学习知识是一个不错的选择,没有加州的喧嚣、没有纽约的忙碌,在宁静之余沉淀自己,接受大自然的洗涤,更能专心念书。而且其学费低廉,因此也是许多国际学生选择的因素之一。

UDN在美国大学表现评估中心大学排名175;在《华盛顿月刊》美国大学排名117。

该校为我校管理学院中外合作办学项目合作方。为进一步拓展两校合作,经两校协议,建立交换生及访问学生合作关系。交换生对象包括

MBA、本科生,学费互免,学分认可。目前管理学院与美国北达科他大学工商与公共管理学院合作举办的"工商管理"中外合作办学项目运作良好。两校在为双方的研究生及本科生提供海外学习及交换学习的机会等方面达成协议,根据协议内容,北达科他大学同意每学期接受我校2名本科生和2名研究生作为交换生赴该校学习。

其二,瑞典布罗斯大学2020年春季交换项目。瑞典布罗斯大学位于瑞典布罗斯市,建成于1977年,是瑞典的一所公立大学。布罗斯大学是一所拥有6个系的现代化大学,包括图书馆教育与情报学系、商务和信息学系、时装及纺织学系、行为学和教育科学系及工程和卫生科学系。该校处于布罗斯市中心,同时也是瑞典图书管理员的培养基地。另外,得益于布罗斯市纺织业悠久的历史,布罗斯大学时装及纺织学系因而有着不错的实力,该系位于一座古老的纺织工厂里,因此其学生有着得天独厚的条件实地使用纺织机和制作纺织品。项目内容:开设 Textiles and Fashion, Engineering, Business, Library and Information Science, Education, and Swedish Language Courses 等课程。本交换项目免学费,但国际往返机票、住宿费、餐费、期间保险和办理签证费用等需学生自理。

本项目报名条件:第一,我校在籍全日制大三本科生、研究生。第二,身体健康、无违纪行为。第三,相应的托福(TOEFL)、雅思(IELTS)、托业(TOEIC)成绩如下:托福(网考)笔试成绩20分,总分90分;雅思不低于5.5分,总分6.5分;托业总分775分。

其三,德国汉堡应用技术大学交换生项目。德国汉堡应用技术大学于1970年建校,公立高等专业学院,位于汉堡州。目前该学校共开设了26种技术类、社会学类、设计类和信息学类的专业和两种学校间合作的专业,即经济工程学(与汉堡大学和汉堡哈尔堡理工大学合作)和船舶制造(与汉堡哈尔堡理工大学合作)。该校是汉堡地区第二大的大学,也是德国同类大学中规模最大的大学之一。项目内容:Engineering & Computer Science, Life Sciences, Design, Media & Information, Business & Social Sciences 等方面课程。

本交换项目免学费,但国际往返机票、住宿费、餐费、期间医疗等相关保险和办理签证费用需学生自理。本项目报名条件包括:第一,必须为我校在籍大三在读本科生。第二,身体健康、无违纪行为。第三,英语 B2 水平(至少为大学英语 4 级)或德语 B2 水平。

(三)在国际型企业实习

除了海外游学和国际交换生项目之外,在国际型企业实习也是培养学生国际化视野、国际化观念、国际化技能的重要渠道。国际化重要的是一种思维模式的转变,是对国际规则的熟悉,学生通过进入国际型企业工作,接触到多元化的文化背景的员工,以及国际化企业运作的一般规律,可以很好地培养自己跨文化的沟通技巧和处理能力,为将来成为企业家和国际化职业经理人打下基础。学生选择国际化企业,可以选择在跨国公司实习,或者参与海外实习项目。

1. 跨国公司实习

上海是中国跨国公司总部最为集中的城市之一。根据相关统计,2020 年初上海拥有跨国公司地区总部 700 余家。这些跨国公司的区域总部为学生提供了大量的实习机会。比如,每年暑假前,欧莱雅、宝洁和联合利华等公司都会进行大规模的实习生招聘活动,以为公司的未来发展吸引和储备人才,实习生表现优异者将得到被录用的机会。比如参与 IBM 公司暑期实习项目的学生,有 40% 的人最终留在了 IBM,第二年的比例超过一半;再如惠普公司每年都招聘近 200 名实习生,大部分人获得了留在惠普公司任职的机会。学生通过在国际化企业实习可以接触到小公司无法获取的资源和能力储备,去了解国际化大公司运作的详情,熟悉国际化企业的管理制度,也有机会向在国际化企业工作的优秀人才学习,提升自己各方面的能力。

2. 海外实习项目

海外实习项目中学生会去国外的公司或者其他组织的某些岗位实习。通过海外实习,学生可以积累宝贵的职场经验,提高独立自主及人际交往的能力,结交国际朋友,开阔视野,扩大人际交往范围,在纯英文环境,提升英语沟通及应用能力,良好的签证记录为以后出国深造打好了基础;可以对国外文化和生活有更为深入的了解,丰富自己的人生阅历,提升自身的国际化视野和国际化观念,以及在国际化和多元文化背景下理解问题、分析问题、解决问题的能力。

(1)爱因斯特(IAESTE)国际大学生专业带薪海外实习项目

爱因斯特是1948年成立的致力于国际青年人才实习和交流的国际非营利和非政府组织——国际大学生实习交流协会(IAESTE)的中文简称。爱因斯特中国自2012年起开始与我校合作,主要派出理工科、商科学生赴欧洲、亚洲、南美洲等国家和地区进行专业实习,其中有部分学生成为海外雇主的正式员工。

选拔要求:在读大二及以上非毕业班本科生与研究生;拥护四项基本原则,思想品德良好,遵纪守法;本科生所修课程平均绩点文科(或经管)专业不低于2.8,理工科专业不低于2.5(绩点计算结果以教务处公布为准);CET 4级考试达到426分;雅思(学术类)总分6.0分;托福总分570分(纸笔考试)、230分(计算机考试)、88分(网络考试),以上几项满足其一即可;如都不满足,口语和听力十分突出者也可报名;身体健康,符合出入境体格检查标准。

申请同学注意事项:海外实习项目不是旅游项目,学生在国外期间需要独立去面对跨越不同国界和具有多元文化背景的成长环境,需要克服困难、承受压力、承担责任的决心和勇气。学校不收取任何费用。但每个取得实习机会的学生,须向主办方交纳一定项目费用。学生国外实习期间获得的补贴基本可以抵消在国外的住宿、餐饮、工作交通等日常开销。

爱因斯特项目申请费用说明:申请报名费1 000元(申请人在面试通过并同意签署爱因斯特海外实习参与协议书后支付);面试不通过者,或通过后经过改变的主意不决定继续申请者,可以不用交纳此费用。国际项目费,2018年度国际项目费为3万元,上海理工大学作为合作院校,已与爱因斯特达成合作协议,凡上海理工大学申请人的项目费是2.5万元人民币(具体交费条件与步骤,请参考爱因斯特海外实习参与协议书);海外实习担保金 5 000 元（成功回国后全额返还，持有学校证明的特困生免交）；往返机票，以及签证、保险等（自理）。

项目简介：实习时间长度为 4~52 周；实习时间是 6~8 月份居多，视具体 offer 情况；实习国家（城市）包括德国、波兰、英国、瑞士、瑞典、巴西、西班牙、印度、美国、加拿大、澳大利亚、泰国、突尼斯、加纳、肯尼亚、哥伦比亚、厄瓜多尔、秘鲁等 40 多个国家可供选择；实习单位包括全球著名公司、创新型中小型公司、研究所和大学实验室。项目特点为专业（理工科居多）、带薪、分布地域广。

持学校特困生证明的申请人可以申请爱因斯特中国办公室提供的 5 000 元海外实习助学金。

(2) 美国 NPO 实习项目介绍

美国职场践习项目，是由美国国务院指定的非营利性教育文化机构主办的赴美文化交流与职场体验项目。参与者以国际志愿者的身份进入美国非营利性 NPO 企业或机构，与美国同事及国际学生并肩开展为期 4~12 周的职场观摩学习及体验性实习实践活动，项目全程入住美国寄宿家庭。该项目旨在美国职场中培养学生创新意识及组织沟通等工作能力，开阔国际化视野，为学生未来出国深造、就业打下坚实基础。项目可为参与者提供中美双方证书、实习证明和美国相关机构推荐信。

报名条件：18~30 周岁在校大学生，专业不限，在校无不良记录，基本的英语口语沟通能力；项目时间及地点：4、8、12 周（可自选）美国全境（主要分布在美国东、西海岸及五大湖地区）。

主要提供的岗位：活动助理类，主要工作内容是进行活动策划、活动执行、活动协调等；行政助理类，主要工作内容是客户接待，文档资料管理，文字编辑、录入等；教学助教类，主要工作内容是课堂助理、活动组织、节目编排；营地助理类，主要工作内容是参与特色工作坊、协调协作、应对各种状况等。

(四) 组建国际化团队比赛并获奖

在本部分的教学内容中，学生需要组建一支由多国学生组成的学术团队,参加校级、市级或国家级管理学领域学生竞赛,在竞赛过程中积极与团队同伴进行合作和沟通,在实践中提升自身国家领导力,并努力在竞赛中获奖。

1. 国际化团队的组建

国际化团队的成员中,国外学生的来源可以是工商管理专业的外籍留学生,也可以是其他专业的外籍留学生,或者外国交换生,也可以是自己在国外交换时所结识的国外高校的学生。在国际化团队组建时需要注意成员的合理搭配。

(1)专业来源的多元化。从专业组成来看,专业多元化的团队可以带来更多的互补知识,团队成员的知识背景的差异更容易碰撞产生火花。因此,学生在组合上要实现学科之间的优势互补、组合科学、结构合理。

(2)团队应该具有一个核心成员。通过对创业项目的长期观察发现,核心成员的存在是创业项目得以组建的关键原因,核心成员的能力强则创业项目更容易成功,而核心成员的毕业和离开也往往意味着团队的终结。项目核心成员应该具有的特质:身体素质良好,能够吃苦耐劳,精力旺盛;心理素质良好,富有激情、自信、勇敢、诚信、有魄力;知识素质良好,具备良好的项目所涉及的专业知识和管理知识;能力素质良好,具备创新能力、分析决策能力、社交和应变能力、组织协调能力等。

(3)项目组成员合理分工。在组建项目团队时,应该注意成员的合理分工,除了核心成员负责团队的计划制订、管理和协调之外,还应该具有一个专业知识基础特别扎实的同学来处理相关的技术和理论问题,还应该有表达能力特别优秀的同学。团队成员之间的协同合作是获取成功的关键因素。

(4)从团队成员的性格上来看,要形成优势互补。建议至少有一个铁面无私遵循原则的人、有一个性格温和可以协调团队成员之间矛盾的人、有一个外向型的善于与外界打交道的人、一个内向型的可以钻研技术的人——此类搭配为绝佳组合。

2. 参加创新创业大赛

在参加创新创业大赛时,需要同学做好以下几方面工作。第一,可以循序渐进地参加创新创业大赛。赛事由于举办方不同,参与者不一样,参加的难度也存在差异。国际化团队一开始参赛可以选择校级的赛事练兵,检验下自己的创业项目的质量,通过不断地锤炼和修改,逐渐提升团队的能力和项目的质量。第二,精选各种项目。作为国际化团队,在参赛项目选择时可以有所侧重。比如在互联网+创新创业大赛中,专门开辟了国际化赛道,如果项目符合国际化赛道的要求就可以参加。第三,精心准备创业计划书和汇报PPT。由于评委主要通过上述材料了解项目,需要将项目最核心的内容用清晰的逻辑呈现出来。第四,和指导教师合作。项目选择指导教师时可以选择两个指导教师,一个是专业教师,可以从项目的技术和商业前景市场定位等维度对项目提出建议,另一个是创业实践的导师,可以从参赛的要求和答辩准备等各个环节优化上提供建议。

(五)撰写英文学术论文并发表

优秀人才(国际)领导力对人才培养的要求也体现在学术研究的国际化上,将学术研究成果以英文的形式发表,是进行学术交流和沟通的重要形式,也是提升学生英文写作和表达能力的重要途径。

1. 英文论文写作的准备工作

第一,英文文献的阅读。英文文献的阅读是进行英文论文写作的前提,尤其是对于英文论文的写作而言。通过英文文献的阅读可以获取研究的热点问题,了解学术发展的前沿。由于时间和精力的限制我们没有条件通读所有的文献,因此需要在文献阅读时有所读有所不读。因而需要精心地选择文献,其中学科经典文献和最近几年的文献需要进行特别关注。经典文献说明了研究问题的来源,通过阅读经典文献可能会有意想不到的发现。而近几年的文献代表了研究的方向和热点,对于学术论文的选题特别关键。在进行文献阅读时应该对重点内容标出,如果是阅读论文的电子版,可以用高亮或者批注的形式进行标注,如果是纸质版可以用荧光笔标出。对于阅读文献的心得体会也应该记录下来,该论文的主要观点是什么、主要方法是什么、你的心得体会是什么、对你的启示是什么等。通过阅读文献可以提升自己的科研思维和学术水平。

第二,英文写作能力的积累。本专业学生由于有大量的外教课程和全英文课程,英语水平较高,在阅读英文论文时不存在太多障碍,但是学术论文的写作用到较多的学术术语和约定俗成的表达规则,这些需要学生通过英文论文的阅读,进行语句的积累。比如在写作英文摘要时,可以用到一些固定的句式:"The paper examines … and considers …(本文研究了……并考虑了……)""The authors consider two specific subjects which…"(作者考虑了两个……的专题。)"This article discusses the reasons for … and offers and insight into …"(本文研讨了……的原因并阐明了对……的观点。)"The influence of … on … is investigated."(研讨了……对……所产生的影响。)"His paper analyzes some important characteristics of …"(本文分析了……的一些重要特征。)

学生在利用英文写作时,也应该注意避免一些常见的错误:比如正文中不要出现缩写,例如 don't, can't;还有就是在写作论文时要准确进行时态的表达,论文中的大多数场景下可以采用一般现代时,但 investigate, study, conduct a study 这种强调动作的动词经常出现过去时。

2. 英文论文的一般结构

在管理学的不同学科子领域上,论文的基本结构存在差异,但总的来说,管理学领域的英文论文包括如下五部分:Introduction;Theoretical background and hypotheses;Methodology;Analysis and results;Conclusion。

(1)Chapter 1 Introduction

本部分主要包括了研究的背景、意义和预期解决的问题。有时需要对研究的重要概念进行简单的定义并且汇报研究的简单结果。在本部分的末尾一般会对论文的主要内容进行介绍。Introduction 是论文中最重要的一部分内容,在本部分的开篇可以通过案例或者引用的形式吸引读者和编辑的注意,本部分通常也是作者花费时间和精力最多的地方。本部分内容一般 2～5 页。

(2) Chapter 2 Theoretical background and hypotheses

本部分包括了两个方面:理论基础(theoretical background)和假设(hypotheses)。

在理论基础方面,其主要目的是向读者介绍与本研究有关系的现有研究(existing studies),重点介绍以下内容:关于这个问题(指论文要研究的问题)前人已经做了哪些研究?采用了哪些研究方法?得出了哪些研究结论?关于这个问题还有哪些问题没有解决?前人的研究存在哪些局限性?关于这个问题还有哪些争议或值得进一步研究的问题?

理论基础不是对前人研究的简单罗列,而是在厘清本领域的研究背景和不足之处的基础之上建构自己的理论。所以在进行文献回顾时经典的研究和最近的研究都要涉及。要特别注意介绍关于本研究问题最近(如近两三年)的研究进展情况。尽量使用第一手资料,而不使用第二手资料。所谓第二手资料,指论文作者没有看到原始文献,而是从他人的文献中了解到的某个研究。

研究假设的提出是论文的核心内容。在提出研究假设时必须清楚地说明,研究假设依据的理论基础是什么,是交易成本理论、动态能力理论还是前景理论等。在提出研究假设时可以用类似研究所得到的结论来支持自己的假设。研究假设的理论来源应该是清晰的,对研究假设的论证应该是完善的,在逻辑上能形成闭环。

(3) Chapter 3 Methodology

工商管理的论文在本部分主要是介绍所采用的研究方法和研究设计,一般包括了数据来源,所采用的模型和方法。在数据来源部分,要清楚地说明是采用了何种方法进行数据的收集,是上市公司的二手数据,还是用调查问卷或者实验方式获取的一手数据。如果是二手数据要详细说明数据的获取路径。如果是一手数据,就要对调查问卷或者实验的过程进行清晰的描述,以让读者和审稿人了解你获取数据的流程是否有足够的信度。另外在本部分也应该说明如何对变量进行测量。

(4) Chapter 4 Analysis and results

本部分需要对数据分析处理的结果进行汇报,以对前文的研究假设进行验证。本部分的写作要注意以下几点:

一是要全面、准确、如实地报告研究的结果。

二是要采用数据统计方法和分析方法(如 t 检验、卡方检验)对数据进行分析,考察数据差异的显著性,不能只是简单地呈现基本数据(如平均数、百分比等)。

三是要充分利用图表的优势呈现数据。图表要清楚、准确;要有必要的图例和说明;图表要有标题和编号。图形的编号和标题在图的下方,表格的编号和标题在表格的上方。

四是要充分利用数据,认真研究数据所反映的某种现象,从中有所发现。要对研究的结果进行必要的解释。可以把本研究的结果与前人的研究结果作适当的比较。

五是要特别注意根据研究的结果逐一回答第二章提出的研究问题。无论研究结果是支持还是推翻原来的假设,都要对所提出的问题或假设逐一回答。

(5) Chapter 5 Conclusion

本章名为结论,实际上应该包括以下几方面的内容:本研究的主要发现(Main findings)、本研究的启示(Implications)、本研究的局限性(Limitations of the present study)以及需要进一步研究的问题(Further research suggestions)。

3. 英文期刊的投稿

第一,通过数据库搜索查找期刊。管理类的英文期刊的分类较细,不同领域的期刊在刊载主题上存在较大差别,作为初学者通常对英文期刊缺少了解,此时可以借助于搜索引擎来查询期刊的偏好,这个过程也是学生进行学习、培养科研基本功的过程。

可以用自己所写论文的核心关键词,在搜索引擎中搜索论文,关注这些类似的文章发表在哪些期刊。由于我们假定的目标是投稿英文期刊，那么就需要用到英文搜索引擎，比如我们可以使用 Web of Science(SCI) 或者 Engineering Village(EI)。假设我们的目标是投稿 SCI 级别的期刊，那么 Web of Science 或许是最好的选择。我们以供应商创新为关键词，并作为示例来演示一下，英文一般为 supplier innovation 或者 supplier innovativeness，由于表达方式的差异，在选择关键词时可以多试一下同义词，可能得到更多的结果。打开 Web of Science 数据库，在搜索框中输入 supplier innovation 或者 supplier innovativeness，类型设置为标题搜索，这样做的目的是，搜索的论文标题中必须包含这两个关键词中的一个，这也是 or 的含义。这样我们就可以得到包含上述关键词的论文，也可以看到上述论文发表的期刊，说明上述期刊是比较关注供应商创新这一研究议题的，如果将论文投向这些期刊，则成功的可能性就会比较大。

第二，通过检索和影响因子来评价英文期刊的质量。对于管理类的学术而言，常用的检索有 SCI、SSCI 检索，一般而言，被这两个数据库收录的管理类期刊质量较高，但同时投稿难度也较大。当然同样是 SSCI 期刊也存在优劣之分，国内的部分机构对 SSCI 期刊进行了分区，分为一区、二区、三区和四区。一区的期刊质量相对较好，四区的期刊相对较为普通。

期刊影响因子等部分期刊评价指标为读者选择期刊提供了参考。影响因子(impact factor)：指该刊前两年发表的文献在当前年的平均被引用次数。一般而言，影响因子越高，说明期刊的质量相对越好。立即指数(immediacy index)：指某刊于当年所出版的文献数在当年度被其他文章引用的文献数。一般而言，立即指数越高，说明期刊的质量相对越好。H-指数(H-index)：反映出期刊中有多少篇文章在一定时间内具有较高的影响力，一般而言，H-指数越高，说明期刊的质量相对越好。

六、考核与成绩评定

课程考核方式为：考查。

学生在第 7 学期之前完成以下相关部分内容，经任课教师认定，可获得学分：

  (1)参加国际游学项目；

  (2)参加国际交换项目；

  (3)在国际型企业实习；

  (4)参加国际性比赛并获奖；

  (5)撰写英文学术论文并发表。

第五章 工商管理专业的专业实习

第一节 专业实习的目标与方式

一、专业实习的目标

工商管理专业的专业实习是在学生完成规定的课程学习任务之后，针对各类毕业设计（论文）题目的具体要求而进行的一项专业实践调查活动。国家教育部下发的《关于进一步加强高等学校本科教学工作的若干意见》提出："高等学校要强化实践育人的意识，区别不同学科对实践教学的要求，合理制定实践教学方案，完善实践教学体系，大力加强实践教学，切实提高大学生的实践能力。"专业实习是工商管理专业实践教学的重要组成部分，是大学生知识结构和能力结构完善的重要方式，是大学生课程结构的重要组成部分。我们进行本科生理论教学的根本目的也是为社会培养具备在工商企业（包括高新技术企业）、金融机构、咨询公司、投资公司、事业单位和各级政府部门从事市场营销活动的知识与技能的人才。专业实习即可成为连接社会和学习的桥梁。

在专业实习中，工商管理专业的学生通过对企业的生产经营系统的了解，形成对企业运作的经验积累，这些知识可以帮助学生为毕业论文的写作积累素材。专业实习一方面内容广泛，涉及工商管理实践中诸多问题;另一方面它紧密结合实际工作,进一步锻炼学生参与实践的能力,培养其认真、良好的工作习惯与工作态度,同时,也是对学生各方面综合素质的一次检验。具体而言,通过实习达到以下目的:

(1)通过专业实习,加强学生对经济管理知识的认识,以实践促进学生对理论知识认识深化,弥补单纯理论教学的不足,提高学生对管理知识的熟练掌握程度。

(2)通过专业实习,进一步培养学生独立发现问题、分析问题、解决问题的能力和创新能力,为今后参加工作打下良好的基础,学生在实习过程中通过观察发现实习企业的竞争优势是什么,也会发现实习企业存在哪些管理上的问题,通过对这些问题的分析和解决,提升学生的综合能力。

(3)通过专业实习,培养学生的社会活动能力和创业精神,使其以积极的态度投入今后的工作。

二、专业实习的方式

根据工商管理专业学生实习性质和特点,专业实习可以采用集中实习与分散实习相结合的方式。

(一)集中实习

集中实习是由学校统一安排学生去合作企业的相关岗位参加实习。在集中实习中学生可以充分利用学校的实习平台,企业较有保障,管理也较为严格。在集中式实习中,一般会为学生安排任务和专业对口的工作,学校和实习企业也建立了长期的合作关系,有利于带队老师了解学生的情况进行管理。但集中实习由于涉及的学生数量较多,实习企业提供的岗位数量有限,并且由于企业经营的连续性,只能安排部分岗位用来实习,这种实习面临着较大的工作协调的困难。对于学生而言,由于岗位的选择性较小,学生有时难以选择到自己心仪的岗位,也容易出现逆反心理。

(二)分散实习

分散实习采取小分队式实习和个体实习相结合的方式,是一种较为松散的管理方式。小分队式实习是指实习学生采取自愿组队的形式去企业实习,每队人数视具体情形可以为 2～5 人,每队指定 1 名队长负责本组实习全过程并与指导老师联系;个体实习的学生通过自主申请或者利用自己社会联系获取实习岗位的一种形式。个体实习学生进入实习单位后一周内需要向学校发送实习单位接收实习函件,并说明联系方式,供实习指导老师不定期检查。当今由于学生的毕业需求多样化,专业多采用分散实习的方式。学生可以根据自己的特点和未来就业的偏好,选择实习单位和实习岗位,由于学生的认可度高,学生实习的兴趣较高,较容易取得工作成绩。分散实习充分利用了学生和学生周边的社会资源,企业更容易给实习学生安排岗位。在分散实习中,实习企业就薪资和岗位与学生进行协商,较为容易达成共识,并且实习企业接收的学生数量较少,便于实习企业安排岗位,不会带来较大压力。但分散式实习也存在一些潜在的问题,最突出的就是实习单位的质量和岗位性质难以保证。部分学生由于心气较高,在选择实习岗位时往往高不成低不就,这容易将大量的时间浪费在实习岗位寻找上。很多学生由于缺少社会资源,往往难以找到合适的实习企业,只能选择一些小企业,这些企业的市场竞争力不强,管理水平不高,学生难以从实习中获取较多的经验积累。就实习岗位而言,部分企业不愿意将重要的岗位交给实习人员,只安排给学生一些复印、资料整理等临时性的工作,学生难以了解企业的真实运作情况和学到实实在在的管理技能。

(三)二者结合的优化模式

为了更好地发挥专业实习对学生能力的提升作用,结合分散实习和集中实习的优缺点,工商管理专业实习环节进行了优化调整,建立了"学校搭台,学生和企业双向选择"的实习模式。

优化后的实习模式过程为:第一,在实习前对学生进行动员,目的是让学生了解实习的重要性、实习的注意事项和相关要求等。第二,工商管理系协调和整合各方面的资源,邀请相关企业提供实习岗位。学生根据自己的需要进行岗位的选择。第三,学生选择好实习企业和岗位后,填写实习岗位表正式参加实习,并写好周志。第四,实习完成后,提交和汇报实习报告。

新的实习模式具有几方面的优点:第一,充分利用学校的社会资源,提供双选平台。学校、学院和工商管理系都建立了校外实习基地,另外工商管理系的教师在服务社会的过程中,也接触到了大量的社会资源,也可以提供一些实习岗位。另外相关企业也会发布一些实习信息。从工商管理系的层面,需要扩大社会接触,加强与工商企业的合作,为学生提供更好的岗位。随着市场竞争的变化,企业的经营状况也会发展变化,工商管理系也需要对相关的合作企业进行动态调整。第二,可以满足学生对个性化岗位的需求。工商管理系将各层次资源进行整合,可以提供数量较多、岗位较为丰富的实习选择。所构建的专业实习双选平台,既可以满足企业的需要,又可以满足学生对个性化岗位的需求。当然我们希望和实习企业建立长期的合作关系,所以实习学生也应该在实习过程中展现出良好的精神风貌,体现自身的能力,树立上理工商管理系的品牌形象。第三,加强与学生的沟通和管理。在过去的专业实习中,学生自主进行实习岗位的选择,企业和岗位的情况学校都缺乏了解。在新模式中需要专业教师对学生的实习情况进行备案和记录,以确保学生在适合的企业和岗位进行实习。

第二节　毕业实习的内容

一、了解实习企业概况

在正式的实习开始之前,工商管理系都会召开实习动员大会,由教学系主任介绍实习的重要意义和实习的安排,然后由负责教师介绍实习的注意事项,让学生能快速地融入企业。学生在进入企业实习前应该做足功课,先上网收集该企业的经营范围和市场情况,也可以了解所处产业的发展前景。

(一)实习动员大会

实习动员大会是实习前的必备环节。通过动员大会让学生了解实习对于完善知识结构和深化对理论知识的认识以及积累相关工作经验的重要性,这可以让学生在思想上认识到实习的重要性,因此在行动上会积极参与实习,这为实习的成功奠定了基础。除了思想的重视之外,要确保专业实习环节的圆满成功,学生需要具备相关的技能。由于多数学生缺少企业实践经验,在实习的开始阶段会产生不适应的现象,所以应该给学生讲解职场的基本礼仪、工作的注意事项等相关内容。

如下几条有助于学生快速适应实习环节:第一,多学习、多请教。学生虽然学习了较多的管理理论知识,但是对于工作岗位的实际内容并不熟悉。理论和现实之间存在着巨大的落差和鸿沟,因此在走向工作岗位之后,应该多向带教的师傅和前辈学习,认真听取带教师傅的建议,了解工作的流程及注意要点,多学习工作所需要的知识。然后多加练习,不要怕出错。多一份耐心,你就离成功不远矣。第二,注重团队合作,站在团队的视角进行思考。工作的环节和在校学习存在着很大差别,学习环节的任务多数都是可以由学生独立完成的,而工作的任务多数都是需要团队合作才能完成的,你考虑问题时不能只站在自己的视角考虑如何完成工作,而应该站在团队的视角进行思考。这样不仅有利于工作的完成,也有利于你更快地获得团队成员的认可。第三,多干活、少抱怨。工作中难免存在不公平的地方,此时一定要理性面对工作中的不公平。不要受一点点不平等待遇就怀恨在心,这样只会让你工作消极,更加不顺心。第四,牢记实习中的五心。用心看,多留意别人工作的技巧,自己平时也要多看相关书籍;用心想,多想想这事怎么做,为什么要这样做,用其他方法会不会达到更好的效果;用心问,不耻下问,想不出答案的时候多问问有经验之人;用心记,别人的教导多记于心,对自己曾经的失误多做总结、多记于心;用心做,做好本职工作,也可多做自己力所能及的事,并且要用心去做。

(二)了解实习企业经营概况

在学生进入企业实习之后,需要首先了解企业的经营范围:了解企业是哪个行业的企业,企业的主要产品是什么;企业每年的经营收入大概是多少;最近几年的发展现状如何,是处在连续增长还是保持稳定;这些内容可以通过企业网站或者企业人事部门的介绍了解到。对企业的经营概况有了了解之后,就为自己适应相关的岗位奠定了基础。

二、了解企业运作

在了解了实习企业的经营概况之后,就需要进一步了解企业内部的运作情况。包括企业主要面向的客户是谁,这些客户的需要是什么,目前产品是不是能完全满足客户的需要,企业市场营销活动的开展状况如何,企业的品牌市场知名度和美誉度如何,企业的产品线有几条,企业产品组合的广度、深度和宽度如何,企业的市场定位情况如何,相比其他竞争对手企业的竞争优势是什么;企业内部的生产组织过程是什么样的?如果是制造业企业,可以了解其采用的生产模式是什么样的,是大规模生产还是多批次少批量?如果是服务业企业,可以了解其服务设计和其服务蓝图情况;企业的采购与供应商管理的相关情况;企业成本的70%左右是由供应商决定的,需要了解企业的供应商有哪些、这些供应商的技术水平和能力如何、这些供应商和企业的合作关系的好坏情况、供应商的可替代性情况等。可以借助波特的价值链工具来描绘企业内部的生产运作的完整流程。

了解企业的战略和组织结构等。战略决定了企业的发展方向,是企业全局性、长期性和总体性的纲领,需要了解企业的发展战略和竞争战略。企业的发展战略是密集增长、多元化还是一体化的战略,在竞争战略层面企业是依赖什么在市场竞争中取胜的,是靠低成本、差异化的产品还是集中战略?了解了企业战略也为自己适应工作岗位提供了基础,比如重视低成本的公司,在生产上注重大规模批量化,工作中重视工作效率。企业的组织结构有直线职能制、事业部制和矩阵式项目小组等。不同类型的组织结构与企业的发展规模、所在的行业以及战略有着密切的关系，通过观察企业的组织结构也可以加深对企业的了解。

企业的人力资源管理和薪酬体系等。企业的人力资源管理的模式如何，企业如何开展招聘环节，是注重从内部招聘还是注重从外部招聘，企业选拔人才时都利用了哪些工具，企业的薪酬体系如何，企业是如何设计工资结构的，是按照岗位定工资还是按照其他标准？

还可以了解企业的财务运作情况、企业的资金来源、企业的资产负债率、企业的财务报销的流程、企业的成本分析与控制、企业的财务效果分析等。

三、顶岗实习阶段

在对企业的运作有了初步了解后，学生就需要进入具体的工作岗位进行实习，在岗位实习时，需要结合岗位的特点，了解岗位的工作要求，掌握岗位所需的工作技能。下面以制造业企业为例介绍主要岗位的工作要求。

(一)企业生产运营类岗位

1. 企业生产运营管理岗位群

在本岗位需要了解企业所生产产品的基本属性和用途，了解商品的基本结构和工艺，了解商品及服务的基本生产流程。熟悉企业一般经营周期内生产计划的制订、执行和控制。熟悉生产计划制订、控制的指标和基本方法、原则。熟悉企业组织生产的基本形式。

2. 企业产品品质管理岗位群

熟悉企业所提供产品及服务的属性、构成及基本流程。根据产品质量检测的标准，掌握对产品进行质量检测的一般方法和流程，以及产品质量的控制范围。

(二)企业人力资源管理岗位群

1. 企业招聘岗位群

熟悉企业招聘的基本流程，能够设计和组织基本的招聘活动。招聘是一个双向选择的过程,能够招聘到优秀的人才决定了企业的长远发展。在本岗位应该结合企业的长期发展战略去思考人力资源规划,能够根据企业的人力资源需求和供给设计合适的招聘方案并加以执行。

2. 企业培训岗位群

熟悉企业培训的基本方法,了解如何开展企业培训。能够根据企业业务发展的需要、岗位要求及企业现有的人力资源状况设计科学、合理、可行的培训方案,并能够组织和执行,在培训时可以借助于软件模拟等新的培训形式。

3. 企业人力资源信息管理岗位群

熟悉企业人力资源信息管理的工作方法和原则。熟悉企业人力资源信息管理的基本方法、流程、原则,以及这一工作在企业人力资源管理职能中的作用,利用人力资源管理系统记录公司所有人员的学历、特征和发展潜力等信息,在企业需要进行员工选择时,可以查询该系统的信息进行人员的筛选。

4. 企业人员考核岗位群

熟悉现代企业考核的方法和原则。了解如何根据企业目标、岗位要求科学合理地设置考核标准,并对企业工作人员的工作状况进行考核,熟悉现代企业考核的常用方法,并能够对企业常规岗位设计、组织考核。

(三)企业市场营销岗位群

1. 企业营销策划岗位群

熟悉企业产品的基本结构、用途和简单售后,了解目标市场的基本特征。能够在分析环境的基础上,根据环境中的机会来选择企业目标市场客户,能够围绕企业的产品和目标客户结合市场环境制订科学、切实可行的营销方案,并加以组织实施。熟悉企业营销策划岗位的基本职责。

2. 企业营销管理岗位群

熟悉企业产品、企业目标市场的主要特征、主要竞争者、经营环境及现代市场营销策略。熟悉企业市场营销管理的基本策略和方法,并能够依据企业经营目标和营销环境对企业的营销活动进行科学有效的管理。

熟悉企业市场营销活动基本的价格策略、产品策略、渠道策略和促销策略。熟悉企业营销管理岗位的基本职责。

3. 企业营销岗位群

熟悉现代营销活动的基本工具和策略方法。营销是建立在对宏观环境和市场信息的准确把握基础之上的,通过对消费者的调查,了解目标客户的需求特性。并且根据客户需求和竞争者的情况进行营销策略的选择。熟悉市场管理的技能,了解开发新客户的要求和要点。可以对营销人员的绩效进行评价。

(四)企业财务管理岗位群

1. 企业财务会计岗位群

了解现代企业财务会计管理岗位的一般设置。财务会计岗位主要是对企业发生的资金状况进行客观和专业的记录。具体而言,财务会计岗位有企业出纳岗位、成本会计岗位、总账会计岗位、主管会计岗位,各个岗位在基本职责和能力要求与方法上存在差异。学生在实习时需要熟悉企业会计岗位的工作流程和方法。

2. 企业财务管理岗位群

了解现代企业财务管理岗位的设置和在企业中的职责。财务管理岗位是为了企业合理使用资金,提供资金的配置效率而设置的岗位。财务管理岗位又可以分为企业资金管理岗位、资产管理岗位、成本管理岗位、投资管理岗位、财务分析岗位、理财规划岗位、财务咨询、税务代理与筹划岗位。这些岗位需要具有财务管理、投资和税法相应的基础技能。学生在实习时需要熟悉企业财务管理的流程和方法及技能。

第三节 毕业实习日志与实习报告

学生实习期间应每天填写《毕业实习手册》,记载实习内容、心得体会及存在的问题,为撰写实习报告积累资料。实习结束时,学生应根据实习日记,写出不少于 3 000 字的实习报告(心得体会)。实习报告是对实习期间的收获和不足之处的总结,对于学生而言,通过实习报告可以对自己在工作岗位的实习体验进行梳理和汇总,也可以针对企业在生产经营管理中存在的问题进行分析,并提出对策。从学校的角度出发,实习报告可以帮助学校了解学生的实习状况,为今后的毕业论文等工作打下良好的基础。

一、实习报告的特点

(一)真实性

真实性是实习报告的基本要求,实习报告是对实习的经验和感悟及不足之处的总结和提炼,其内容必须是真实发生的。在实习报告中,需要对实习的时间、地点、企业的背景、实习的过程、实习的收获和不足之处进行真实的记录,不能虚构自己的收获来拔高实习工作。在实习过程中应该对实习的情况采用实习日记的方式进行记录,这些详尽的第一手资料有利于报告的书写。

(二)针对性

实习报告的内容应该具有针对性,是根据实习过程中发生的实际情况和实际问题而写的。在写作上应该紧密结合实际工作,突出重点。因为实习的时间有限,可以重点说明自己的一些感悟或者实习企业的不足之处,不能平均用力使得报告观点模糊。

(三)总结性

实习报告是一种总结性报告,所以在层次上不仅是对实习工作的记录,而且是对实习工作的高度凝练和概括。不能只停留在对现象和问题的记录上,要能进行理论的升华,需要用管理理论对企业的成功之处和存在的问题进行分析。

二、实习报告的格式

工商管理专业的实习报告包括封面、正文和致谢三部分。

(一)封面

工商管理专业的实习报告应该有封面,在封面注明实习的性质为毕业实习,下面注明姓名和所在班级等。

(二)正文

正文部分由实习基本情况、实习内容和实习收获三部分组成。实习基本情况主要说明实习的时间、地点和实习单位名称等基本信息。实习内容中主要记录实习单位的基本情况、实习的基本过程、实习中发现的问题及解决办法和岗位职责等信息。实习收获用于记录你在实习中的体会和收获是什么,发现的问题和今后的改进思路是什么。

(三)致谢

专业实习的顺利完成离不开实习单位提供的工作机会、实习单位员工对你的帮助和指导、老师给予的指导等,这些需要在致谢部分给予感谢。

三、实习报告的写作要求

有的学生经过实习环节,了解到了企业经营的很多情况,也学会了很多技能。因此,在实习报告写作中就一股脑地将实习中的所有内容都呈现出来,使得实习报告内容臃肿,重点不突出。由于实习报告的字数限制,应该对实习报告中的内容进行精心选择。

(1)根据实习的体会、收获,结合自己的特长、兴趣、爱好对实习报告的内容加以慎重地选择或推敲。

围绕报告题目,搜集资料,调查了解有关现实情况,阅读与报告有关的历史资料和参考文献,了解存在的问题。重点搜集有关报告内容的资料,详细做好记录,并进行科学整理。应该对实习中的内容进行规律性地梳理,按照一定的逻辑框架进行总结,而不是如记流水账一般。如果在自己的工作岗位上发现了一些有规律性的问题,就可以作为重点内容进行总结。

(2)认真搜集整理资料。

实习报告写作要结合实际,要调查现实情况和经验成果,掌握现阶段达到的水平和存在的问题,调查之前要制订一个调查方案,明确调查目的、调查对象、调查项目。搜集资料要多而全,要注意分清主要资料和次要资料,要围绕报告的核心内容搜集主要资料,摘录与论题有关的资料。对所搜集的资料要认真阅读和整理,分析资料的正确程度及反映的问题,找出经验和存在的问题,为撰写实习报告提供依据。对资料进行整理和分析,争取从资料中发现一些新的问题,尤其是能够结合实习企业的生产经营实践来发现企业的一些不足之处,不要人云亦云。

(3)实习报告要观点明确,层次清楚,结构完整,论点有据,内容新颖,或具有实际意义,字数在3 000~5 000字。

第四节 专业实习管理和成绩评定

一、毕业实习的管理工作

(一)实习前做好岗前培训和职业规划工作

学生在参加专业实习前,工商管理系都会通过动员大会和主题班会等形式进行组织和动员,提高学生对专业实习的认识。学校也通过就业指导和职业生涯规划等课程来帮助学生从思想上了解实习与就业的关系,从思想上和心理上做好实习的各种准备工作。通过举办讲座和个别辅导相结合的方式,帮助学生正确处理职业理想和现实之间的关系。让学生树立正确的职业生涯规划,能够理性地面对挫折和苦难,树立吃苦耐劳的思想,建立正确的人生观和价值观。

为了提供优质实习岗位,学校和学院也应该充分利用校友和社会合作等各种资源,多渠道联系优质企业。也可以提前邀请企业的高层管理人员来学校召开讲座,对学生进行岗前培训,让学生对企业的产品、生产工艺、市场营销、人力资源和组织结构,以及企业文化等内容有一个初步的了解,激发去企业参加实习的兴趣。

(二)校内指导教师和班主任应该及时与学生进行沟通

专业实习是学生步入社会的一次尝试,是学生积累社会经验,进行理论结合实际的重要方式。虽然学生的实习都是在学校之外的企业进行,但在这个环节中教师一定不能缺位,并且要在这个过程中发挥重要作用。学生去实习后不能像断了线的风筝,爱飞到哪就飞到哪。学生在实习时,可以在实习企业进行自主的学习和积累工作经验,就像风筝可以在天上飞翔一样,但一定要有一根线和学校相连,这根线就是指导教师。学生在实习工作开始前应该向指导教师汇报自己的实习企业和实习工作时间安排,在实习的过程中,应该每周向老师汇报实习进展,上交实习周志。

学校要选拔经验丰富并且具有亲和力的教师作为指导教师,做好学生的思想工作和实习的管理工作。学生在专业实习过程中,或者由于岗位不顺心、或者由于工作关系搞不好、或者由于经常加班等问题会面临实习工作的困难。这个时候,指导教师需要及时地和学生沟通和联系,帮助学生顺利渡过难关。现在社交媒体联系十分方便,指导教师可以建立实习工作群,建立打卡制度。指导教师要主动地去关怀学生,倾听学生遇到的问题,帮助学生化解困难。帮助学生树立良好的职场心态,能够形成对自己能力的客观认知,能够理性地认识社会和工作岗位。让学生学会如何在职场团队中合作和交流,如何快速地适应企业文化。也要教会学生树立终身学习的意识,不能安于现状,只有不断学习才能不断成长,适应工作岗位的需要,勇于面对社会的各方面挑战。

二、毕业实习的成绩评定

工商管理专业对实习成绩的评定主要分为两个方面进行:第一,过程考核成绩。主要是周志的情况,是否每周及时向指导教师上交周志,周志记录的内容是否完整、真实具有实践价值。指导教师据此给出相应成绩。第二,实习报告成绩。主要根据最后的实习报告情况给分。对实习岗位的评价可以根据如下三个方面进行:对实习企业岗位的掌握情况,实习地点、参观对象、实习的过程和内容;毕业实习的主要收获,结合实际,记述对所学专业基础课程理论知识的理解和认识;记述所获取的感性知识及某些实践经验。根据学生的实习报告是否满足这三个方面给予相应的成绩。

第六章 工商管理专业的实践类课程

第一节 财务成本管理课程设计

一、课程任务和目的

通过分析财务报表,掌握财务分析、资本成本和资本结构等理论和概念,提高对财务管理课程基础理论的理解和应用能力,掌握企业财务管理中应用决策、判断分析的基本方法。以上市公司财务报表的财务数据为基础,通过对公司财务数据的比率和趋势分析,了解公司的财务状况和经营状况,掌握判断和预测企业发展前景、竞争力的财务信息使用方法。

二、课程主要内容

(一)企业偿债能力分析

偿债能力是指企业偿还到期债务(包括本息)的能力。偿债能力是判断企业经营是否正常的重要指标,如果偿债能力不足,企业就会面临流动性风险,即使企业生产经营正常,能够获取利润,也一样会有破产的风险。根据周期的长短可以将偿债能力分为短期偿债能力和长期偿债能力。下面分别对这两种能力进行介绍。

1. 短期偿债能力

短期偿债能力是指企业短期内的支付能力,一般是企业流动资产的变现能力。短期偿债能力主要受企业盈利水平、企业资产结构、企业融资能力和企业现金能力的影响。一般而言,盈利能力水平高、流动资产比重高、融资能力强的企业具有较高的短期偿债能力。衡量企业短期偿债能力的指标主要有三个:流动比率、速动比率和现金流动负债比率。

(1)流动比率

流动比率是流动资产与流动负债的比率,表示企业每1元流动负债有多少流动资产作为偿还的保证,反映了企业的流动资产偿还流动负债的能力。其计算公式为:

$$流动比率 = \frac{流动资产}{流动负债}$$

一般而言,流动比率越高,表明企业拥有较多的可以短期内进行变现的资产,企业短期偿债能力越强。流动比率不仅反映企业拥有较多的营运资金抵偿短期债务,而且表明企业可以变现的资产数额较大,债权人的风险较小。但是流动比率并非越高越好,过高的流动比率表示企业并未充分运用资金杠杆,资金运用较为保守,市场开拓的魄力不足。对于流动比率的合理幅度,并未有统一的标准,传统的财务管理理论认为流动比率维持在2∶1是比较合理的。但是,由于不同行业的经营环境和融资条件的差异,应该结合各自行业的实际来考察流动比率的合理范围。

(2)速动比率

由于流动资产的不同项目在变现程度上存在着较大差异,有必要对流动资产做进一步的区分,找出那些表现能力更强的资产,货币资金、交易性金融资产和各种应收、预付款项等,这些资产一般都可以在较短时间内变现,称之为速动资产。而另外的流动资产,包括存货、待摊费用、一年内到期的非流动资产及其他流动资产等,其变现能力相对较差,称之为非速动资产。由于新产品的更新速度越来越快,所以存货可能面临不断贬值或者报废的风险,因此存货的变现速度比应收账款慢了很多。待摊费用不能出售变现,一年内到期的非流动资产和其他流动资产的数额有偶然性,不代表正常的变现能力。其计算公式为:

$$速动比率 = \frac{速动资产}{流动负债}$$

其中：
$$速动资产 = 流动资产 - 存货$$

或： 速动资产＝流动资产－存货－预付账款－待摊费用

传统经验认为，速动比率维持在1∶1较为正常，它表明企业的每1元流动负债就有1元易于变现的流动资产来抵偿，短期偿债能力有可靠的保证。但同流动比率一样，速动比率过低，企业的短期偿债风险较大，速动比率过高，企业在速动资产上占用资金过多，会增加企业投资的机会成本。

(3)现金流动负债比率

在可以用于偿债的流动资产中，现金资产的流动性最强、不确定性最小，所以用企业一定时期的经营现金净流量与流动负债的比率(即现金流动负债比率)从现金流量角度来反映企业当期偿付短期负债的能力。其计算公式为：

$$现金流动负债比率 = \frac{年经营现金净流量}{年末流动负债}$$

式中，年经营现金净流量是指一定时期内，由企业经营活动所产生的现金及现金等价物的流入量与流出量的差额。

该指标是从现金流入和流出的动态角度对企业实际偿债能力进行考察。现金流动负债比率是较为保守的一种评价企业短期偿债能力的指标。如果该指标较大，表明企业经营活动产生的现金净流量较多，能够保障企业按时偿还到期债务。但现金流动负债比率也不是越大越好，指标太大表明企业现金类资产过多，企业的经营过于保守，可以利用现金资产进行各种投资活动。一般认为现金流动负债比率在0.2左右为佳。

2. 长期偿债能力

长期偿债能力是指企业偿还长期负债的能力。它的大小是反映企业财务状况稳定与否及安全程度高低的重要标志。企业的资本结构、盈利能力和长期资产的规模和结构是影响长期偿债能力的主要指标。衡量长期偿债能力可以从四个指标入手。

(1) 资产负债率

资产负债率是衡量企业长期偿债能力的最主要指标，是企业的负债总额与资产总额的比率。它表示企业资产总额中债权人提供资金所占的比重，以及企业资产对债权人权益的保障程度。其计算公式为：

$$资产负债率 = \frac{负债总额}{资产总额} \times 100\%$$

资产负债率高低对企业的债权人和所有者具有不同的意义。就债权人而言，资产负债比率越低，表明企业的资产占比越高，债权人的风险就越小，债权就越有保障。但是对企业的股东而言，最关心的是资产的收益率，只要企业的总资产收益率高于借款的利息率，举债越多，即负债比率越大，所有者的投资收益就越大。

一般情况下，企业负债经营规模应控制在一个合理的水平，负债比重应掌握在一定的标准内。通常资产在破产拍卖时的售价不到账面价值的 50%，因此，资产负债率高于 50% 则债权人的利益就缺乏保障。各类资产变现能力有显著区别，房地产变现的价值损失小，专用设备则难以变现。不同企业的资产负债率不同，与其持有的资产类别有关。

(2) 产权比率

产权比率是指负债总额与所有者权益总额的比率，是企业财务结构稳健与否的重要标志。其计算公式为：

$$负债与所有者权益比率 = \frac{负债总额}{所有者权益总额} \times 100\%$$

该比率反映了所有者权益对债权人权益的保障程度，即在企业清算时债权人权益的保障程度。该指标越低，表明企业的长期偿债能力越强，债权人权益的保障程度越高，承担的风险越小，但企业不能充分地发挥负债的财务杠杆效应。

(3) 负债与有形净资产比率

负债与有形净资产比率是负债总额与有形净资产的比例关系,表示企业有形净资产对债权人权益的保障程度,其计算公式为:

$$负债与有形净资产比率 = \frac{负债总额}{有形净资产} \times 100\%$$

$$有形净资产 = 所有者权益 - 无形资产 - 递延资产$$

企业的无形资产、递延资产等一般难以作为偿债的保证,从净资产中将其剔除,可以更合理地衡量企业清算时对债权人权益的保障程度。该比率越低,表明企业长期偿债能力越强。

(4) 利息保障倍数

利息保障倍数是企业经营的利润可以偿还债务利息的程度,用企业息税前利润与利息费用的比值来衡量,其计算公式为:

$$利息保障倍数 = \frac{税息前利润}{利息费用}$$

式中,利息费用是指本期发生的全部应付利息,包括流动负债的利息费用、长期负债中进入损益的利息费用以及进入固定资产原价中的资本化利息。

利息保障倍数越高,说明企业支付利息费用的能力越强;该比率越低,说明企业难以保证用经营所得来及时足额地支付负债利息。因此,它是衡量企业偿债能力强弱的主要指标。如果利息保障倍数小于1,说明企业没有能力偿还贷款的利息,更加不可能偿还贷款本金,此时企业的经营将遇到困境。如果利息保障倍数大于1,表明企业可以按时偿还利息,企业的长期经营是可以维系的,企业的长期负债也是较为安全的。

(二) 营运能力分析

营运能力分析是指通过计算企业资金周转的有关指标分析其资产利用的效率,是对企业管理层管理水平和资产运用能力的分析。

1. 应收款项周转率

应收款项周转率也称应收款项周转次数,是一定时期内商品或产品

主营业务收入净额与平均应收款项余额的比值,是反映应收款项周转速度的一项指标。其计算公式为:

$$应收款项周转率(次数)=\frac{主营业务收入净额}{平均应收账款余额}$$

其中:

$$主营业务收入净额=主营业务收入-销售折让与折扣$$

$$平均应收账款余额=\frac{应收款项年初数+应收款项年末数}{2}$$

$$应收款项周转天数=\frac{360}{应收账款周转率}=\frac{平均应收账款\times360}{主营业务收入净额}$$

应收账款包括"应收账款净额"和"应收票据"等全部赊销账款。应收账款净额是指扣除坏账准备后的余额,应收票据如果已向银行办理了贴现手续,则不应包括在应收账款余额内。

应收账款周转率体现了公司应收账款的回款情况,部分企业虽然有较多的应收账款,但是回款速度比较慢,这就会大大地限制企业的再生产和扩大再生产情况。如果产品销售而资金不能收回,企业下一个周期的投入就难以得到保障。所以一般而言应收账款周转率越高越好,周转率越高表明:第一,收账迅速,账龄较短;第二,资产流动性强,短期偿债能力强;第三,可以减少收账费用和坏账损失,从而相对增加企业流动资产的投资收益。应收账款的周转速度较慢,表明回款周期较长,如果应收账款周期超过一年则回收的可能性就会大大降低,有变成坏账的可能。借助应收账款与企业信用期限的比较,还可以评价购买单位的信用程度,以及企业原订的信用条件是否适当。

但是,在评价一个企业应收款项周转率是否合理时,应与同行业的平均水平相比较而定。

2. 存货周转率

存货周转率也称存货周转次数,是企业一定时期内的营业收入与存货平均余额的比率,它是反映企业的存货周转速度和销货能力的一项指标,也是衡量企业生产经营中存货营运效率的一项综合性指标。其计算公式为：

$$存货周转率(次数)=\frac{销货成本}{存货平均余额}$$

$$存货平均余额=\frac{存货年初数+存货年末数}{2}$$

$$存货周转天数=\frac{360}{存货周转率}=\frac{平均存货\times 360}{销货成本}$$

存货周转率是反映企业内部运作情况的重要指标，如果企业内部价值链环节中存在瓶颈问题，比如生产效率低或者销售不利，就会降低企业的存货周转率。存货周转率高表明企业内部的管理活动是高效进行的，企业投入的资金和各种资源能够作为有价值的产品被市场认可，实现价值的增值，企业就有能力来偿还债务和进行扩大再生产。一般来说，存货周转率越高越好，存货周转率越高，表明其变现的速度越快，周转额越大，资金占用水平越低。存货占用水平低，存货积压的风险就越小，企业的变现能力以及资金使用效率就越好。但是存货周转率分析中，应注意剔除存货计价方法不同所产生的影响。

3. 总资产周转率

总资产周转率是企业主营业务收入净额与资产总额的比率。它可以用来反映企业全部资产的利用效率。其计算公式为：

$$总资产周转率=\frac{主营业务收入净额}{平均资产总额}$$

$$平均资产总额=\frac{期初资产总额+期末资产总额}{2}$$

资产平均占用额应按分析期的不同分别加以确定，并应当与分子的主营业务收入净额在时间上保持一致。

总资产周转率反映了企业全部资产的使用效率。总资产周转率说明企业内部的生产经营效率较高，企业投入的资产可以快速地进行循环和周转。如果总资产周转率较低，说明企业资产周转的速度较慢，企业投入回收的周期就较长，这是衡量企业运营能力的重要指标。企业可以采取多种措施提升企业的资产利用率,加速资产的周转速度。

4. 固定资产周转率

固定资产周转率是指企业年销售收入净额与固定资产平均净值的比率。固定资产周转率体现了企业固定资产周转的快慢情况,是测量企业固定资产利用效率的核心指标。其计算公式为:

$$固定资产周转率 = \frac{主营业务收入净额}{固定资产平均净值}$$

$$固定资产平均净值 = \frac{期初固定资产净值 + 期末固定资产净值}{2}$$

如果一家企业拥有较高的固定资产周转率,则说明该企业的固定资产利用效率较高,设备得到了充分的利用,前期的固定资产投资结构和质量较为合理,投资回收可期。反之,如果一家企业固定资产周转率较低,则表明该企业的产品不被市场认可,企业的固定资产投入并没有得到充分的利用,企业固定资产的回收周期较长,企业固定资产投资结构不合理或者表明固定资产使用效率不高,企业的营运能力欠佳。

在实际分析该指标时,应剔除某些特殊因素的影响。一方面,固定资产的净值随着折旧计提而逐渐减少,因固定资产更新,净值会突然增加;另一方面,由于折旧方法不同,固定资产净值缺乏可比性。

(三)盈利能力分析

盈利能力是公司财务分析中最核心的指标,盈利能力体现了企业为股东和企业利益向客户获取利益的能力,是企业经营的核心。但盈利能力也是较为表面的指标,容易受到各种操纵行为的影响。所以分析盈利能力时,可以适当兼顾企业的运营能力、偿债能力、现金情况综合分析。盈利能力通常体现为企业收益数额的大小与水平的高低,一般而言通常用比率的形式来表示。企业盈利能力的分析可从一般分析和股票分析两方面研究。企业盈利能力的一般分析,可以按照会计基本要素设置销售利润率、成本利润率、资产利润率、自有资金利润率和资本保值增值率等指标,借以评价企业各要素的盈利能力及资本保值增值情况。股票分析的指标包括了每股收益和市盈率。

1. 主营业务毛利率

主营业务毛利率是销售毛利与主营业务收入净额之比。其计算公式为：

$$主营业务毛利率 = \frac{销售毛利}{主营业务收入净额} \times 100\%$$

其中：

$$销售毛利 = 主营业务收入净额 - 主营业务成本$$

主营业务毛利率体现了企业的主要产品或服务的初始获利能力，该指标越高，表示取得同样销售收入的销售成本越低，销售利润越高。

2. 主营业务利润率

主营业务利润率是企业的利润与主营业务收入净额的比率。其计算公式为：

$$主营业务利润率 = \frac{利润}{主营业务收入净额} \times 100\%$$

根据利润表的构成，企业的利润分为主营业务利润、营业利润、利润总额和净利润四种形式。其中利润总额和净利润包含着非销售利润因素，比如企业通过出售资产获取的收益反映在了利润总额中，而不包含在主营业务利润中。所以能够更直接反映销售获利能力的指标是主营业务利润率。通过考察主营业务利润占整个利润总额比重的升降，可以发现企业经营状况的稳定性、面临的危险或可能出现的转机迹象。主营业务利润率指标一般要计算主营业务利润率和主营业务净利率。

主营业务利润率指标反映了每1元主营业务收入净额给企业带来的利润。该指标越大，说明企业经营活动的盈利水平越高。主营业务毛利率和主营业务利润指标分析中，应将企业连续几年的利润率加以比较，并对其盈利能力的趋势做出评价。

3. 资产净利率

资产净利率是企业净利润与平均资产总额的比率。它是反映企业资产综合利用效果的指标。其计算公式为：

$$资产净利率 = \frac{净利润}{平均资产总额}$$

平均资产总额为期初资产总额与期末资产总额的平均数。资产净利率越高，表明企业的资产获利能力越高，企业的经营可以给股东带来的回报就越高。

4. 净资产收益率

净资产收益率，亦称净值报酬率或权益报酬率，它是指企业一定时期内的净利润与平均净资产的比率。它可以反映投资者投入企业的自有资本获取净收益的能力，即反映投资与报酬的关系，因而是评价企业资本经营效率的核心指标。其计算公式为：

$$净资产收益率 = \frac{净利润}{平均净资产} \times 100\%$$

(1) 净利润是指企业的税后利润，是未作分配的数额。

(2) 平均净资产是企业年初所有者权益与年末所有者权益的平均数，

$$平均净资产 = \frac{所有者权益年初数 + 所有者权益年末数}{2}$$
。

净资产收益率是评价企业自有资本及其积累获取报酬水平的最具综合性与代表性的指标，它反映了企业资本营运的综合效益。该指标通用性强、适用范围广，不受行业局限。在我国上市公司业绩综合排序中，该指标居于首位。通过对该指标的综合对比分析，可以看出企业获利能力在同行业中所处的地位，以及与同类企业的差异水平。一般认为，企业净资产收益率越高，企业自有资本获取收益的能力越强，运营效益越好，对企业投资人、债权人的保障程度就越高。

5. 资本保值增值率

资本保值增值率是企业期末所有者权益总额与期初所有者权益总额的比率。资本保值增值率表示企业当年资本在企业自身努力下的实际增减变动情况，是评价企业财务效益状况的辅助指标。其计算公式如下：

$$资本保值增值率=\frac{期末所有者权益总额}{期初所有者权益总额}$$

该指标反映了投资者投入企业资本的保全性和增长性,该指标越高,表明企业的资本保全状况越好,所有者的权益增长越好,债权人的债务越有保障,企业发展后劲越强。一般情况下,资本保值增值率大于1,表明所有者权益增加,企业增值能力较强。但是,在实际分析时应考虑企业利润分配情况及通货膨胀因素对其的影响。

6. 每股收益

每股收益又称每股税后利润、每股盈余,是指税后利润与股本总数的比率。它是普通股股东每持有一股所能享有的企业净利润或需承担的企业净亏损。该指标可以用来衡量企业股票的获利能力和投资风险。如果每股收益较高,表面企业获利能力较强,企业的投资价值较高。反之,如果每股收益较低或者为负值,表面企业的获利能力较差或者是亏损的,企业未来的投资价值较低。可以根据每股收益来预测企业的未来成长潜力,做出相关决策,但需要注意每股收益的高低和公司的股本数和每股净资产相关,一般不宜进行简单的企业间横向对比。

7. 市盈率

市盈率(price earnings ratio,简称 PE 或 PER),也称"本益比""股价收益比率"或"市价盈利比率(简称市盈率)"。市盈率是指股票价格除以每股收益(每股收益,EPS)的比率。或以公司市值除以年度股东应占盈利。市盈率是评价股票投资价值的重要指标,一般市盈率较高的企业,其企业的泡沫较大,说明被众多投资者所关注,投资的风险较高。但市盈率较低的企业一般可能是夕阳产业,公司的成长空间较小,投资者的活跃度较低,尽管投资者的风险较小,但也不容易获取较高的股票投资收益。

具体计算时,股票价格可以采用最新收盘价,而每股收益可以用上年度的每股收益,也可以用市场分析师预计的本年度每股收益的平均值。

(四)现金流量分析

根据产生现金流的活动,可以将现金流量分为三大类:经营活动产生的现金流量、投资活动产生的现金流量和筹资活动产生的现金流量。

1. 经营活动产生的现金流量

经营活动(operating activities)，主要是指企业的主营业务范围内的产品生产和劳务提供活动所产生的现金。经营活动产生的现金应该是企业现金来源的主要渠道。经营活动产生的现金流量可以区分为两部分：一部分是通过销售产品产生的现金流量，如收到产品销售收入带来的现金和银行存款的增加、收到应收账款等；另一部分是与产品生产和销售相关的现金流出，如购入原料、建立存货、广告及运送货物，支付各项费用、税捐等。

以下项目需当作营运活动：净收益（在损益表中找到）；折旧；非现金物品（例如待坏账拨备）；递延税项；利息摊销；应计物品，如应付薪金。

2. 投资活动产生的现金流量

投资活动(investing activities)，主要是指企业购买机器设备等长期资产和股票、房产等其他投资活动所产生的现金活动。因投资活动产生的现金流入包括但不限于出售资产，收回贷款、债券，出售权益证券等；产生的现金流出包括但不限于购买资产、放款、购买债券、权益证券等。

投资活动包括资本支出，包括以赊账方式购买机器。

3. 筹资活动产生的现金流量

筹资活动(financing activities)，是指导致企业资本及债务规模和构成发生变化的活动。包括通过筹资活动流入的现金和通过筹资活动流出的现金两部分。通过筹资活动流入的现金包括股东投入的现金、从银行或其他机构获取的借款、接受的现金馈赠等。通过筹资活动流出的现金包括偿还债务支出的现金、分配红利所支付的现金、偿还贷款利息所支付的现金等。

三、课程考核方式

(一)总体要求

本课题最终的结题形式为课程报告，报告内容为学生各自负责公司的财务报表分析,在上课之前已经选择了智能制造行业有代表性的上市公司(板块:一带一路、军工航天、人工智能、新零售、卫星导航、特斯拉、石墨烯、雄安新区),并且和学生进行了匹配,一个学生一家公司。数据来源:上市公司 2016—2018 年连续 3 年的公司年报。在推荐的相关网站下载财务报告;并按照规定格式编辑。编辑的财务报告与课程报告一并递交。

(二)课程报告书写格式及提交要求

第一,下载公司财务报表,并按照规定格式编辑排版;第二,按照"报告格式模板"撰写短学期报告;第三,注意个人信息、页眉、页脚的信息填写,注意 Excel 和 Word 文档字体、图表和页面编辑。

(三)课程报告完成流程

第一,财务报表下载,暂存 Excel 表格。第二,按照规定格式编辑财务报表(三张),注意编辑后检查打印效果(不要超页,信息齐全)。第三,财务指标计算(首先通过工作底稿计算,再编辑计算结果表格)。以财务报表为依据,计算偿债能力、获利能力、经营管理能力、公司成长能力和现金流量能力等财务指标。财务指标计算可根据具体情况增加和减少,详细情况可见《财务管理》第三章中的相关章节。财务指标计算建议使用 Excel 工具(在工作底稿完成计算)。第四,财务指标分析与评价(可根据财务指标计算结果,进行横向与纵向比较分析)。

根据上述的计算结果,对该公司的财务指标(数据)进行分析解读并评价。具体内容包括:纵向数据分析,计算不同时间节点(年度)的财务数据,进行比较分析(评价);横向数据分析,可将年度数据或平均年度数据与同期行业财务指标(或标杆企业数据)进行比较分析(评价)。行业财务指标可从相关数据资料(大智慧、新浪财经等)来源或其他途径获取。

(四)财务指标下载路径

下载所选择公司三年(2016—2018 年)的年度财务报表三张(资产负债表、利润表和现金流量表),分别下载保存至 Excel(工作底稿)。下载后需要按照规定格式排版(见报告格式模板)。注意报表下载后排版过程中页眉和页脚的调整,公司名称、学号、姓名等信息不要遗漏。下载年度财务报表的方式有以下三种:

(1)www.cninfo.com.cn(巨潮资讯):巨潮资讯主页。信息披露(输入公司代码),选择公告类别,年度报告——下载年度报告 PDF(合并报表,建议复制粘贴 Excel 文档)。

(2)www.hexun.com(和讯网):和讯网主页。搜索(股票代码),财务数据——下载三张报表(注意下载年报,即年度 12 月 31 日的报表,建议复制粘贴 Excel 文档)。

(3)www.stockstar.com(证券之星):证券之星主页。搜索(股票代码),个股资讯,财务分析——下载三张报表(注意下载年报,即年度 12 月 31 日的报表,建议复制粘贴 Excel 文档)。

四、课程注意事项

(1)请每位同学注意自己负责的(上市)公司信息,并下载必要的公司财务报告。

(2)按照规定格式整理、编辑排版公司财务报告。

(3)参考本学期《财务管理学》教材(讲义)。

(4)按照规定格式要求撰写短学期报告。

(5)由于实验室使用紧张,注意规定的机房使用时间(见课程时间地点安排)。

第二节 ERP 沙盘推演实训

一、教学任务和目的

本课程是一门专业选修实训课程,采用体验式教学方式,让学生通过"做"来"学",以切实的经历体会深奥的商业思想——他们看到并触摸到商业运作的方式。通过实训,使学生学会收集信息,并懂得如何将这些信息应用于实践。同时,通过互动,在游戏过程中学习商业规则和财务语言,增强学生的沟通技能,学会以团队的方式工作,培养学生的团队合作精神。通过直观的方式,理解物流、资金流与信息流之间的相互关系,为学生将来从事企业管理工作打下坚实的基础。

本课程的基础背景设定为一家已经经营若干年的生产型企业,此课程将把参加训练的学生分成若干个小组,每组各代表一个不同的虚拟公司,在这个训练中,每个小组的成员将分别担任公司中的重要职位(CEO、CFO、市场总监、生产总监等)。几个公司是同行业中的竞争对手。他们从先前的管理团队中接手企业,在面对来自其他企业的激烈竞争中,将企业向前推进、发展。在这个课程中,学生必须做出众多的决策。例如新产品的开发、生产设施的改造、新市场中销售潜能的开发等,让学生亲身体验"决策是如何影响结果的"。

本课程共安排 32 个学时,经过连续多个周期的经营,使担任不同岗位的同学能够梳理系统的管理思想,在做出决策时需要从企业的整体目标出发,学生也需要熟悉负责部门的工作流程,了解其岗位的工作职责和决策要求。总之,本课程力求通过实验教学,达到以下教学目的:

(1)熟悉企业内部的各经营模块以及各个经营模板之间的关联关系。了解战略管理、市场营销策略、生产计划与物料需求计划管理、现金流预测与财务管理的重要性,掌握研发、生产、市场营销和销售之间的关系。

(2)提高学生的决策能力及长期规划能力,以及控制与执行能力,使学生认识到各种决策与投资的后果。

(3)培养学生的商业意识,学会更好地服务于内外部客户,进一步理解决策的影响力,准确把握最佳盈利机会。

(4)学会运用财务管理知识,包括对财务报表的了解与分析,更好地解读财务报告。学会调动资金、控制成本,认识变现计划与部门成本控制的重要性,降低营运资金成本。

(5)认识供应链的规划、组织和控制的重要性,学会配合市场需求与产能从事全盘生产流程规划及策划。

（6）理解企业是一个系统的整体的思想，每个部门的工作都和其他部门息息相关，并且会影响企业的最终目标的实现，所以在决策时需要有系统思想，并且锻炼人际关系技能，通过沟通和协调共同实现团队的目标。

二、实验教学内容

实验项目一　企业运营规则及初始状态的设定

1. 实验类型

设计式实验。在本部分主要是了解企业运营的一般规则，掌握软件的各模块构成。

2. 实验目的

（1）了解自身角色定位以及岗位职责；

（2）了解公司发展的状况及股东的期望；

（3）熟悉各实验用材、报表数据与企业经营状况之间的关系；

（4）了解企业经营规则。

3. 实验内容与要求

（1）学生自由组合形成数家公司，协商确定公司成员的职责，进行角色定位；

（2）教师介绍公司的发展状况并提出股东的期望；

（3）指导学生熟悉原材料、资金、在产品、生产中心、物流中心、财务中心等的表示方法，进行企业初始状态的设定，并根据初始状态编制利润表、资产负债表；

（4）讲解企业营运规则。

根据实验教材中列出的实验步骤，利用实验室和指导教师提供的实验资料与器材，认真完成规定的实验内容，真实地记录实验中遇到的各种问题和解决的方法与过程。实验完成后，应根据实验情况写出实验报告，内容包括：(1)实验目的；(2)实验内容；(3)实验步骤；(4)实验结果；(5)问题讨论与实验心得。

实验项目二　起始年的模拟训练

1. 实验类型

演示与体验式实验。

2. 实验目的

(1)熟悉自身角色定位以及岗位职责:比如市场营销经理需要制定产品价格、确定促销人员的数量。在确定价格时需要利用需求函数和产品成本曲线,计算出企业的最优价格。

(2)掌握企业经营规则在实际经营中的运用:企业经营规则是对现实的模拟,学生需要在操作中最大限度地理解企业的运营规则。

(3)学会使用实验器材,掌握各种报表的编制。

3. 实验内容与要求

(1)教师指导学生在统一经营决策下进行起始年的经营。起始年的经营状况相对较为简单,竞争对企业的影响较小,但考虑到较长的投资周期,在决策时不应该仅考虑单周期的利润最大化,而应该考虑多周期的利润最大化。

(2)各学员开始履行自身职责,在教师的指导下着手企业经营。

实验项目三　经营年的对抗实训

1. 实验类型

对抗式实验。

2. 实验目的

(1)深刻体会 ERP 核心理念:感受管理信息对称状况下的企业运作;体验统一信息平台下的企业运作管理;学习依靠客观数字评测与决策的意识与技能;感悟准确及时集成的信息对于科学决策的重要作用;训练信息化时代的基本管理技能。

(2)了解制造型企业的概貌:制造型企业经营所涉及的因素;企业物流运作的规则;企业财务管理、资金流控制运作的规则;企业生产、采购、销售和库存管理的运作规则;企业面临的市场、竞争对手、未来发展趋势分析;企业的组织结构和岗位职责等。

(3)了解企业经营的本质:资本、资产、损益的流程、企业资产与负债和权益的结构;利润和成本的关系、增加企业利润的关键因素。

(4)熟练运用各业务工具,主要包括:损益平衡表,收入报表,现金流量预测,预算及差异校准,生产计划与物料需求计划,竞争对手分析,市场分析,盈亏分析,比率分析等。

(5)深入理解财务的战略功效,掌握财务结构,解读财务报表。认清企业资源运营状况,建立企业运营的战略视角,并寻求最佳的利润机会;更有效地区分业务的优先安排,降低运营成本。

(6)了解整个公司的运作流程,提高全局和长远策略意识,更好地理解不同决策对总体绩效的影响,了解物流、资金流与信息流之间的相互关系。

(7)理解企业的经营运作、企业的竞争力,以及企业资源的有限性,理解任何一个部门的行动对整个公司全局的影响,学会部门之间的沟通技能,培养团队协作精神。

3. 实验内容与要求

在了解了实验的基本操作流程之后,学生就进入到多周期的竞争性经营环节中去,在此阶段,学生需要通过在生产、销售和研发等方面进行决策,以实现企业在盈利、资金利用和研发中的最优决策。随着模拟经营的步步深入,学生会逐渐面临多方面的激烈挑战,如充满风险的市场的产品定位选择;生产时序优先安排的决策;市场信息的综合分析决策;参与市场竞标的策略选择;资源配置与规模发展的平衡;不断增长的客户需求,资源配置与规模发展的平衡;适应变化的财务方案等。每一轮模拟之后,再进行综述与分析,同时讲解在下一轮中应用的业务工具,主要包括:损益平衡表、收入报表、现金流量预测、预算及差异校准、生产计划与物料需求计划、竞争对手分析、市场分析、盈亏分析、比率分析等。

实验涉及整体战略、产品研发、生产排程、市场与销售、财务、团队沟通与建设等多个方面,具体包括以下方面:

(1)整体战略方面。通过对环境的分析,制定长、中短期策略;预测市场趋势、调整既定战略。

(2)R&D和生产方面。产品研发决策;必要时做出修改研发计划,甚至中断项目决定。生产方面,选择获取生产能力的方式(购买或租赁);设备更新与生产线改良;全盘生产流程调度决策;匹配市场需求、交货期和数量及设备产能;库存管理及产销配合;必要时选择清偿生产能力的方式。

(3)市场营销与销售方面。市场开发决策;新产品开发、产品组合与市场定位决策;模拟在市场中短兵相接的竞标过程;刺探同行敌情,抢攻市场;建立并维护市场地位,必要时做退出市场决策。

(4)财务方面。制订投资计划,评估应收账款金额与回收期;预估长、短期资金需求,寻求资金来源;掌握资金来源与用途,妥善控制成本;洞悉资金短缺前兆,以最佳方式筹措资金;分析财务报表、掌握报表重点与数据含义;运用财务指标进行内部诊断,协助管理决策;如何以有限资金转亏为盈、创造高利润;编制财务报表、结算投资报酬、评估决策效益。

(5)团队协作与沟通方面。实地学习如何在立场不同的各部门间沟通协调;培养不同部门人员的共同价值观与经营理念;建立以整体利益为导向的组织。

实验项目四　分析与总结

1. 实验类型

验证式实验。

2. 实验目的

(1)结合学生多周期的实验数据资料,包括利润表、资产负债表等,进一步进行相关竞争对手分析、市场分析、盈亏分析、比率分析,深刻理解相关财务指标的含义,实现对ERP核心理念理解的升华。对企业经营的本质有更为深入的了解,利润获取是企业经营的主要目标,也是在实验时最为看重的指标,资本、资产、损益的流程、企业资产与负债和权益的结构;利润和成本的关系、增加企业利润的关键因素。

(2)熟悉整个公司的运作流程,了解物流、资金流与信息流之间的相互关系。理解企业的经营运作、企业的竞争力,以及企业资源的有限性,理解任何一个部门的行动对整个公司全局的影响,提高企业稽查的全局观念以及风险管理审计的意识。

3. 实验内容与要求

指导学生根据六年的实验数据资料,进行相关的财务报表分析,并对其计算的指标数据结合其实际运作情况进行分析,说明其指标的优劣、导致的原因、可能对今后的影响,以及实际产生的影响,可能进行的改善指标的方案等。

财务报表分析具体包括:基本财务报表介绍,资产负债表、损益表和现金流量表;财务报表阅读的基本方法,直接阅读法、运用趋势法分析、运用比率法分析、综合分析;财务报表分析的基本内容、偿债能力分析、营运能力分析、盈利能力分析、现金流量分析。

三、课程考核方式

ERP 沙盘模拟实训的考核,以小组运营成绩和总结报告中的问题及改进分析的内容和深度评定。

考核标准为:企业经营的排名、经营活动记录齐全、团队合作、遵守运作规则、论文中发现问题、对结果分析的客观性、问题分析合理深刻。各部分的比例如下:

平时			期中		期末			
20%			30%		50%		
团队合作	遵守运作规则	经营活动记录齐全	结果分析客观性	企业经营排名	论文中发现问题	问题分析合理深刻
10%	10%	20%	10%	20%	20%	10%

四、课程注意事项

本门课程除相关的理论知识外,更多的是培养学生解决问题的技能性训练，要求学生一定要动手做出结果，所以课程是在实验室完成的。由于本训练为综合知识的结合，故没有指定的单一教材，所有的知识内容为体验或感悟出企业管理的内涵。

为了便于模拟训练的进行，建议如下：

(1) 可选用教材：王新玲，郑文昭，司雪文. ERP 沙盘模拟高级指导教程[M]. 4 版. 北京：清华大学出版社，2019.

(2) 教师的角色：ERP 沙盘模拟实训课程因为是体验式教学，要求教师能随时观察到学生的经营状况，及时进行有针对性的总结。

(3) 时间安排：由于本课程授课的特殊性，要求安排连续 4 天。

第七章 工商管理专业的毕业论文导读

第一节 毕业论文导读的目标与时间安排

一、课程的目标

毕业论文课题选读是为了学生更好地完成毕业论文而开设的。通过本课程的学习,学生可以充分认识毕业论文的重要性,激发学生进行毕业论文写作的兴趣,掌握毕业论文写作的基本方法。具体而言,本课程的目标体现在如下几个方面:

第一,让学生充分认识毕业论文写作的价值和意义,激发学生完成毕业论文的动力和热情是本课程的首要目标。从理论和实际等多个方面阐述毕业论文的重要价值。

第二,学习如何进行毕业论文文献收集、选题和研究方法。选题是毕业论文的开始,让学生知道什么是合适的毕业论文题目,如何进行文献的收集和整理,如何评价文献质量的好坏,常用的研究方法有哪些,如何选择合适的研究方法,是质性研究还是实证研究等。

第三,让学生了解毕业论文的一般结构。毕业论文是由哪些部分组成的,哪些是重点内容。

二、课程的实践安排

本课程的总学时为 32 学时,一般分为三个环节进行,理论教学(12 学时)+课堂研讨(4 学时)+实践(16 学时)。

(一)理论教学(12 学时)的安排

本课程的第一环节主要讲解:本科毕业论文写作的重要性,本科毕业论文写作的一般流程,本科毕业论文的一般结构,本科毕业论文的选题,如何查找文献,如何选取适合的研究方法,如何进行数据收集等。

(二)课堂讨论(6 学时)

本课程的第二个环节是学生进行经典文献的阅读,学会如何阅读文献是开展学术研究的第一个步骤。由老师提供部分经典文献供学生进行研究,然后由学生在课堂讲授自己所读的文献,其他同学和老师进行提问,通过这种方式,可以快速提升学生的文献阅读水平。

(三)实践部分安排(16 学时)

结合理论教学成果和课堂讨论,学生已经了解了毕业论文写作的流程和结果,也学会了如何进行文献的收集等工作。接下来,本课程的第三个环节学生将结合自己的体会拟定自己的毕业论文研究计划,以作为本课程的最终成果。

第二节 毕业论文导读的内容安排

一、认识本科毕业论文的重要性

毕业论文写作是实现专业培育目标的重要保障性措施,是应用经济学和管理学基础理论的试验场,可以提升学生运用理论分析问题和解决问题的能力,是全面检验学生综合素质和实践能力的主要手段,也是学生获得学位的重要前提条件。因此写好毕业论文对于提高学生的综合素质有着重要意义。

(一)完成毕业论文是人才培养目标的基本要求

我国《高等教育法》明确提出:高等教育任务之一是"培养具有创新精神和实践能力的高级专门人才","本科教育应当使学生具有从事本专业实际工作和研究工作的初步能力"。我国《学位条例》也明确规定:授予学士学位条件之一是"具有从事科学研究工作或担负专门技术工作的初步能力"。从上述法规中可以发现从事研究工作的初步能力是本科生的培养目标之一,在现有的工商管理专业的培养计划中,本科毕业论文是实现这一目标的基本途径。这种形式也得到了国内高校、教师和学生的一致认可。

(二)毕业论文是对学生各方面能力的综合考核

毕业论文的写作不同于其他形式的写作,其需要的不仅仅是敏锐的观察力和流畅的写作能力,更需要的是扎实和系统的经济学和管理学的专业知识。毕业论文的写作中,必须系统地按照学术论文要求,依据所学的专业理论知识对相关问题进行分析,而不是根据直觉进行表面分析,其目标是发现现象背后隐含的规律。因此,毕业论文写作是对工商管理专业学生的基本知识、基本技能和专业知识的总的检验。毕业论文的写作过程,也是对大学所学习的相关课程知识的梳理和消化,可以将学生对理论的理解从大致的了解到实际应用过渡,实现认识的升华。另外学生在收集资料进行社会调研的过程中,也会遇到问题,在解决问题的过程中,也会学到很多在课堂学习中难以学到的东西。毕业论文的写作也是一个在学习的基础上进行创新的过程,有助于学生对所学的知识和理论进行梳理和总结,从而起到温故知新、融会贯通的作用。

(三)毕业论文写作是培养学生从事科学研究的初步训练

毕业论文的写作既可以全面检验大学期间的学习成果,也可以成为对学生展开学术研究的初步训练。无论学生今后是读研究生还是出国留学或者参加工作,这种学术训练都会对学生的今后成长起到较大的帮助。对于读研究生的同学而言,这种帮助最为显著,研究生的主要任务就是专职开展学术研究,本科毕业论文的学术训练将为研究生的学习打下良好的基础。对于出国留学和参加工作的同学而言,毕业论文的写作可以培养学生进行文献阅读和批判性思考的能力,这对学生的成长也至关重要。在毕业论文的研究过程中学生可以了解毕业论文写作的一般环节,同时培养自身的科研兴趣,确定初步的科研方向,为今后的科学研究工作奠定基础。

(四)毕业论文写作可以提升学生的写作水平和口头表达能力

书面表达能力对于学生今后的工作和学习起着重要作用。学生今后无论是在党政机关事业单位、还是企业单位工作,甚至自主创业,具有良好的书面表达能力都是必不可少的。在党政机关中,公文写作是一项重要职责,如果写作能力较强,能够简洁清晰地进行书面表达就很容易被领导认可。在企业单位中,也需要写一些工作总结和研究报告等,书面表达能力是总结工作成绩,与领导沟通的重要方式。毕业论文的写作过程也是训练写作思维和能力的过程。在收集文献、阅读文献、企业访谈和数据资料整理分析的过程中,都需要对大量的信息进行处理,这种信息处理能力和写作能力息息相关。通过毕业论文的写作有效提升写作能力,实现自身素质的提升。

在毕业论文的写作中,需要将自己的想法和导师进行沟通。这种想法可能是不成熟的和较为模糊的,如何用合适的语言表达自己的想法,也是一种必备的能力。另外在毕业论文答辩时,通常需要学生用10~15分钟的时间对自己论文的核心内容和贡献进行总结。学生必须认真思考哪些内容要保存,哪些内容要删去,该如何进行表达才能吸引老师的注意。在这个过程中,学生学会了对观点和贡献进行总结和凝练。

(五)毕业论文培养学生独立解决问题的能力

学生在毕业工作后会遇到很多以项目形式开展的工作,比如新产品开发、营销计划制订等。在毕业论文的写作过程中,可以培养学生独立进行问题分析的能力。学生需要根据毕业论文的题目,进行资料的收集、资料的梳理、明确研究问题、论证自己的问题、对论文进行总结。在此过程中，学生学会了分析问题的技能，知道了面对一个问题应该如何入手。

二、本科毕业论文工作流程

工商管理系毕业论文的基本流程为：第一，毕业论文的选题。第 7 学期末完成，填写立题卡和任务书，在本学期学生和老师通过讨论确定毕业论文的题目并填写相关文件。第二，开题报告的撰写。第 8 学期开学第一周上交，时间大概为 2 月底 3 月初。学生利用寒假时间搜集相关的文献，并拟定论文的研究计划。第三，论文写作准备期中检查。时间安排大概是从第 8 学期开学到 4 月初。在本段时间学生认真开展论文的研究工作，在期中检查时，学生应该完成论文约 2/3 的内容，完成绪论、文献总结和理论基础工作，数据收集部分应该基本完成或者已经明确了数据收集方式，正在进行数据收集。第四，完成论文初稿。时间约 4 月底 5 月初，此时学校会发布盲审和查重名单。在此阶段学生应该完成论文。第五，进行论文修改准备答辩。时间节点为 5 月 20 日左右。学生根据导师的要求进行论文的修改，学校进行论文查重和盲审工作。第六，论文答辩，学生准备论文答辩，时间为 5 月底 6 月初。第七，完成毕业论文成绩评定、成绩录入和毕业论文的归档工作。

三、本科毕业论文的主要部分

(1)封面：在封面需要填写论文题目、姓名、学号、指导教师等信息。

(2)中英文摘要及关键词：研究意义、论文结构、研究结论；关键词应该选取论文和核心词汇，一般为 3~5 个。

(3)目录。

(4)正文：20 000 字以上。一般包括绪论、研究文献综述、理论基础、数据来源和数据处理、结论和展望等部分。

(5)参考文献：至少 15 条，至少包括 3 条英文文献。

(6)致谢。

四、文献的阅读

阅读文献是一项基本功,是毕业论文写作的基础。学生应该掌握阅读文献的基本技巧。

(一)文献的查找

(1)中文文献的查找,中文文献的来源一般是通过知网、万方、维普进行,上海理工大学购买了上述数据库,这些数据库利用上海理工大学的校内IP上网,会自动登录和进行下载。学生也可以借助百度或者谷歌等学术搜索平台进行文献的检索。文献检索时,一般输入关键词即可,比如要了解客户集中度对企业创新影响这个主题的问题,可以利用搜索平台,同时搜索"客户集中度""企业创新"两个关键词,即可在结果中进行文献的选择。

(2)英文文献的搜索可以利用 Web of Science 和 EBSCO 等数据库进行。上海理工大学已经订购了上述数据库,管理学领域的国际期刊一般都可以检索到。如果有文献无法在上述数据库检索到,就可以利用百度学术搜索进行搜索。首先,根据研究的主题选取关键词在学术搜索里进行搜索,搜索结果中会出现与主题相关的研究论文,点击文献来源,如果学校购买了相应数据库就可在对应的来源中下载到该论文。同时,从百度学术搜索中也会显示论文的引用次数,一般来说引用次数越高,说明这篇文献的质量越好,这篇论文更加值得下载和阅读。如果遇到所有的文献来源都不能下载的情况,可以向上海理工大学图书馆请求进行文献的传递,也可以向文章作者发邮件,一般会得到作者的回复。利用百度学术进行文献搜索时,还可以关注那些引用该论文的文献,它们通常也会和我们的研究主题相关,这种文献追踪,是我们获取相关领域研究最新进展的重要方式。

(二)管理类常用的期刊目录

1. 国家自然科学基金管理学部认定的重要期刊

国家自然科学基金管理学部对管理学重要期刊进行过认定,公布了

30 本重要期刊,分为 A 类和 B 类期刊,其中 A 类期刊 22 种,B 类期刊 8 种。22 种 A 类期刊分别为:《管理科学学报》《系统工程理论与实践》《管理世界》《数量经济技术经济研究》《中国软科学》《金融研究》《中国管理科学》《系统工程学报》《会计研究》《系统工程理论方法应用》《管理评论》《管理工程学报》《南开管理评论》《科研管理》《情报学报》《公共管理学报》《管理科学》《预测》《运筹与管理》《科学学研究》《中国工业经济》《农业经济问题》。8 种 B 类期刊分别为:《管理学报》《工业工程与管理》《系统工程》《科学学与科学技术管理》《研究与发展管理》《中国人口资源与环境》《数理统计与管理》《中国农村经济》。

2. CSSCI 及其扩展版检索期刊

CSSCI 是由南京大学投资建设、南京大学中国社会科学研究评价中心开发研制的人文社会科学引文数据库,用来检索中文人文社会科学领域的论文收录和被引用情况。CSSCI 遵循文献计量学规律,采取定量与定性相结合的方法从全国 2 700 余种中文人文社会科学学术性期刊中精选出学术性强、编辑规范的期刊作为来源期刊。CSSCI 期刊每两年更新一次,是国内人文社会领域最重要的期刊标准。2019—2020 年 CSSCI 检索目录中共收录了管理学期刊 36 种:

《电子政务》《公共管理学报》《管理工程学报》《管理科学》《管理科学学报》《管理评论》《管理世界》《管理学报》《管理学刊》《宏观质量研究》《会计研究》《会计与经济研究》《经济管理》《经济体制改革》《科技进步与对策》《科学管理研究》《科学决策》《科学学研究》《科学学与科学技术管理》《科学与社会》《科研管理》《南开管理评论》《软科学》《社会保障评论》《社会保障研究》《审计研究》《审计与经济研究》《外国经济与管理》《系统工程理论与实践》《系统管理学报》《研究与发展管理》《预测》《中国管理科学》《中国行政管理》《中国科技论坛》《中国软科学》。

(三)如何阅读文献

文献的阅读是写论文的重要基础,通过阅读文献了解相关主题的研究现状、研究缺口,掌握学术论文写作的一般方式。

从易到难的顺序阅读文献。对于本科生而言可以按照从易到难顺序来阅读文献,一般而言是先读中文文献再读外文文献。建议文献研读的顺序是:中文综述—中文期刊文献—英文综述文献—英文期刊文献。中文文献阅读不存在语言障碍,更容易读懂文献的具体内容。在读中文文献时,也可以先从中文文献综述开始,通过阅读文献综述会对该主题研究的前因和后果有个大概的了解,比如在《外国经济与管理》期刊上的论文综述质量较高,同学们可以关注。然后再读中文期刊的非综述文献,非综述文献会就具体的研究问题展开研究,让我们了解该主题研究的理论基础是什么、研究的方法是什么、数据来源于何处等。接下来就可以读英文期刊上的文献综述,一般英文文献综述都来自学科领域内的知名学者之手,这些知名学者对学科有全局性的了解,英文综述的质量相对较高。读英文综述,还可以根据其参考文献进行追踪,这样就可以基本掌握该主题的主要参考文献,在文献的下载过程中需要对文献进行分类。比如同样是利用吸收能力的相关研究,有的是管理领域的研究企业层面的吸收能力,有的是经济学领域的研究区域或者国际层面的吸收能力。

精读和泛读结合的方式看文献。经过文献的梳理,常常会得到几十篇甚至上百篇文献,如何阅读这些文献呢?这就需要采用一些阅读的技巧。对于普通的论文可以只看其研究的模型图、摘要和结论,以此来判断这篇论文与我们研究的相关性,如果与我们的研究主题高度相关,属于重要文献,就可以标上一个记号,准备以后精读。对于需要仔细研读的文献,最好打印出来慢慢研究,在阅读过程中,可以做些标记或者笔记,如果是以电子文档的形式进行阅读,可以利用高亮或者标注等功能对文献进行标注。一篇论文中最重要的部分依次是:研究模型图、引言、理论建立、结果和讨论、研究方法和数据。阅读文献的时间需要尽量集中,集中时间方便对文献进行深入的思考和比较,形成对该研究领域的整体印象。分散阅读适合泛读论文,而不适合对论文的精读。

阅读和思考相结合。在文献的阅读过程中是一个学习和思考相结合的过程,阅读文献一方面是为了获取知识,了解学科发展的前沿,另一方面也是为了获取自己研究的创意。所以在阅读的过程中需要进行批判式思考,思考文献的作者在研究方法、研究结论上有何不妥之处,也可以通过不同文献的对比寻找研究的线索。通过对比相同主题的数篇文献,发现作者们对同一研究事物的不同看法、思路的演变,或者发现作者本想隐藏的"要点",多比较几个同类文献,看其共同点在哪里,不同点又在哪里,有何各自的创新性?采用的研究方法、所依据的理论和数据来源有何差异?作者有没有忽略的内容?当然如果在思考中遇到问题可以和导师或者同学进行交流,通过互相交流取长补短。

阅读与总结相结合。在阅读文献的同时进行记录,可以一边看一边进行记录,将阅读的感悟和启示记录下来。也可以用电子文档将当天阅读文献的收获总结记载下来,你看了什么文献,文献的主要内容是什么,对你的启示是什么,文献中存在的问题是什么。在阅读了一定数量的论文之后,可以对论文的内容进行总结,可以参考文献综述的格式进行。总结这些文献的发展脉络、理论基础、主要结论、主要争论、主要方法和未来研究的主要方向等。总结时可以借助一些图表来说明。最后可以按照毕业论文的要求列出参考文献,需要包括参考文献的作者、题目、期刊、发表卷期和页码等,这些可以作为毕业论文的一部分。

五、本科毕业论文的选题

选题是正式开始论文的第一步,选题的好坏直接决定了论文的成败。题目选的好,论文完成起来就会有章可循,更容易取得成功。

(一)选题的重要性

选题是本科毕业论文的首要任务,通过选题确定毕业论文的研究对象和研究范围。

第一,选题中规划了毕业论文的方向、角度和规模。学生在收集研究资料的过程中,随着资料的积累和思维的逐渐深入,观念之间的碰撞会产生创意的火花,此时潜在的选题来源就产生了。但这些选题都处在一种分散的状态,是否具有创新性和可行性,都需要进一步的检验。此时需要对这些选题进行提炼和讨论,使题目的中心逐渐清晰。

第二,选题决定了论文的价值与效益。爱因斯坦提出:提出一个好问题比发现一个好问题更重要。虽然本科毕业论文不同于学术论文,但是其标准是一致的。好的选题来自在理论上尚未解决的问题,或者实践中大家关心的热点问题。通过对这些问题的研究和分析,可以更好地体现学生发现问题和解决问题的能力。选择了正确的题目,好比是走在了正确的道路上,只要努力就一定会有收获。但是如果选题不当,你的所有努力就没有价值,只能起到南辕北辙的作用。

第三,选题决定了毕业论文能否顺利完成。选择合适的题目不仅影响了毕业论文的质量,而且决定了完成毕业论文所需的时间和精力。合适的题目既有足够的研究内容,也有条件去收集资料和数据,方便借鉴前人的研究。如果题目选得过小,往往题目涉及的内容比较少,很难支撑一篇毕业论文的工作要求。相反如果论文的题目太大,学生往往难以驾驭,缺少对问题的系统性和总体性把握,只能泛泛而论或者只能涉及其中的几个方面,造成内容和题目不符。

(二)选题的原则

第一,创新性原则。创新性是毕业论文选题的首要原则。创新是毕业论文的灵魂,决定了论文存在的价值。当然对于本科生毕业论文而言,这种创新性可以从一个更广泛的维度进行理解。根据研究方法和研究问题,可以把论文的创新区分为不同的层次。对于本科生而言,如果解决前人没有解决的理论问题,提出创新的观点,难度相对较大。但研究问题可以分为理论问题和现实问题,对于本科生而言,可以用已有的研究方法来解决新的现实问题。尤其是近年来各种新的商业模式和企业经营模式层出不穷,如果对这些新的现象进行关注,用管理学的理论加以分析,可以为我们了解这些企业的竞争优势的来源提供一些启示。比如2020届有同学论文题目为"得物公司的商业模式研究",得物是一家进行潮鞋交易的公司,潮鞋交易是最近2~3年才兴起的一种商业交换模式。一些潮鞋爱好者在该平台上进行二手潮鞋的交易,平台提供潮鞋的鉴定和担保。

过去很少有人对该公司的商业模式进行分析,通过利用博弈论的方法和商业模式的分析框架,对得物公司进行分析,该选题就具有一定的新颖性。如果所选定的题目都是十几年前就存在的老问题,这些问题要么已经被充分解决,要么解决起来难度太大,超出学生的能力范围,这种选题的价值就微乎其微。

第二,理论和实践相结合的原则。在此过程中需要指导学生注重结合时代需要进行选题,结合我国经济管理领域的热点问题和管理理论,把论文写在祖国的大地上。工商管理专业是一门应用性的学科,所以工商管理专业的论文不适合纯理论的研究。比如单纯研究某种评价方法的运筹学改进,进行纯数学模型的推导,就不宜作为工商管理专业的毕业论文。论文的选题可以是来自企业的实践,比如在企业实习过程中,观察到了退休员工返聘的问题,可以对退休员工返聘如何影响员工的工作积极性和工作知识的传承等问题进行分析。论文的选题也可以来自自己的生活实践,比如在网上购物的过程中,会对评价如何影响消费者选择问题感兴趣。选题也可以来自文献阅读和理论,比如阅读文献发现对于客户集中度如何影响企业创新,现有的研究结论并不一致,你就可以对这一问题重新进行分析。但是无论你选题的来源是理论或实践,论文都必须具有理论和现实两方面意义。比如在对得物商业模式的研究中,这是一个实践问题,但是研究中发现得物作为交易平台实际上承担了商品检验和监督职能,这对平台经济的相关理论就具有启示性作用。对于客户集中度如何影响企业创新,虽然是来自理论的问题,但你的结论也应该对企业实践产生指导价值。应能使学生达到综合运用所学基础理论、基本知识和基本技能,获得较全面的训练,培养学生分析和解决问题的能力,提高综合素质。

第三,可行性原则。可行性原则决定了题目的难易程度和范围应该适中。题目的难易程度适中是指题目中的问题依靠现有的理论、方法和实验条件应该能够解决。如果难度过大,超过了学生的理解范畴,则会让学生陷入被动境地,浪费时间和精力,也使得自信心丧失。比如有学生准备选择上海集成电路产业的发展策略研究,这对于本科生而言难度较大,对于集成电路产业的发展,涉及的企业众多,涉及的技术领域和产业链环节复杂,这是一项系统工程。要完成这一问题需要对集成电路行业的技术有初步了解,对产业链协同发展的理论也要有所了解。而大学的学习,对学生来讲还只是掌握了一些基本理论,要独立地研究和分析一些大问题,还显得理论准备不足。再加上缺乏写作经验,对大量材料也往往驾驭不了,容易造成材料堆积或过于散乱,写得一般化。

第四,题目范围适宜。题目范围适宜指题目与论文篇幅相符,与论述的范围相称,与所论水平层次相宜。本科毕业论文一般要求在 20 000～30 000 字,在有限的篇幅内,如果所选题目过大是很难写出高水平论文的。大题目需要掌握大量的材料,不仅要有局部性的,而且要有全局性的,不仅要有某一方面的,而且要有综合性的。写作毕业论文的时间有限,比如要完成上海集成电路行业发展战略研究,需要全方位了解集成电路行业的发展现状,现有的企业都有哪些,分别分布在产业链的哪些环节上,这些企业的竞争力如何,而要在短时间内完成大量的资料收集工作是非常困难的。总体而言,本科生毕业论文的题目宜小不宜大,宜具体不宜抽象,宜限制不宜宽泛。

第五,结合专业特点与学生兴趣特长。毕业论文实质上是学位论文,毕业论文的选题应当与学生所学专业和所要申请的学位挂钩,要在本专业领域内选择具有一定理论意义和应用价值的题目。同时,毕业论文又是对大学生综合运用所学知识和能力的体现,论文的选题不能脱离学生的专业知识。在确定选题时,在本专业的某一范围内,运用所学的知识去探索、研究、思考,同时紧密结合所学专业的培养目标,为将来走上工作岗位奠定基础,培养应用写作的基本能力。工商管理的专业论文应该符合工商管理专业的研究特点,其一般研究的对象为企业,或者最终研究的落脚点要是企业。宏观经济形势、国际贸易和金融等领域的问题不适合作为工商管理专业的论文选题。

第六,自主性原则。另外在选题时要体现学生的自主性。在选题时学生要选择自己感兴趣的方向，因为如果没有兴趣，写作时就没有主动性。学生可以从自身对某些课程的兴趣和心得体会出发，或是对课程内容的发展延伸，或是对课程内容做了不同角度的审视有了独到的见解，进而根据选题的原则和要求，在指导教师的指导下，查阅大量资料和文献，最后经过系统归纳和分析，确定毕业论文选题。

（三）选题常见的问题

第一，题目不够新颖。很多学生在选题时常常会出现的一个失误是选题的新颖性不足，比如有的同学去研究苹果公司的品牌策略，研究小米公司的商业模式，这种题目如果在2012年左右会非常合适，但是现在已经有太多的文献去讨论这些问题，很难写出新意。前人的研究已经足够充分，留给你提升的空间很小，写这种题目很难被答辩老师认可。可以去讨论最近几年出现的最新的商业模式，比如研究直播带货的问题、哔哩哔哩公司的商业模式等。

第二，题目偏大。很多学生在选题时会倾向于选很大的题目，觉得里面包含的内容比较多，比较容易完成，但是偏大的问题完成的难度也不会小。比如有同学研究上海奢侈品行业存在的问题和对策研究。这些研究看似可以写的内容很多，但实际完成的难度非常大。作为学生由于知识储备和研究时间的限制，很难展开一项如此宏大的研究，到头来各项内容只能蜻蜓点水，无法深入。

第三，题目难以获取相关资料。工商管理专业的毕业论文要求既有理论又有证据，在论述理论观点时需要有数据的支持。当然数据的获取有多重渠道。在进行企业案例类研究时，需要能获取案例企业的相关数据，最好选取上市公司或自己正在工作实习的工作。否则在对公司的现状、发展和问题进行刻画时，缺少数据支持就很难让人信服。在写理论型文章时也是这样，也要提前考虑数据获取的问题。比如研究营销中消费者行为的问题，可以通过消费者调查获取信息。但在研究组织行为时，如领导方式与员工谏言，要获取企业员工的调查数据，对于学生而言难度较大。

六、本科毕业论文的研究方法和数据获取

(一)案例研究

案例研究是工商管理专业毕业论文常用的研究方法。"案例"源于英语"case"一词,在汉语中通常被译作"个案""个例""事例"等,在中国大陆一般称作"案例",在中国香港、中国台湾则多称作"个案"。案例可以以故事的形式出现,但必须是真实的故事,是事实的集合,包括真实的公司或组织、真实的参与者、真实的事件和情感;而且,一个案例必须要在某一个领域内具有代表性。比如通过研究苹果公司的品牌策略,对国产手机的品牌建设就具有指导意义。案例研究法就是通过典型案例,详细描述现实现象是什么、分析其为什么会发生,并从中发现或探求一般规律和特殊性,指导得出研究结论或新的研究命题的一种方法。比如在二手潮鞋交易的风潮中,一些交易平台发挥着什么作用?充当什么角色?通过对得物 App 商业模式的研究就可以回答上述问题。当研究对象是处于当代现实环境中的某一现象,并要求研究者对研究对象不予控制或不能控制时,案例研究法是一种非常合适的研究方法。并且案例研究法特别适合回答"怎么样"和"为什么"的问题。案例研究方法的独特优势体现在:

第一,案例研究不仅对现象进行翔实的描述,更对现象背后的原因进行了深入的分析,它既回答"怎么样"和"为什么"的问题,又有助于研究者把握事件的来龙去脉和本质。例如 Afuah(阿法阿)在 2000 年第 21 期《战略管理杂志》(*Strategic Management Journal*)上发表的《面对技术变革、合作伙伴有多重要》(How much do your co-opetitors' capabilities matter in the face of technological change?)一文中,作者旨在研究当一个公司的合作者,如供应商、客户以及其他关系单位生产技术变革时,会对这家公司产生怎样的影响。作者得出了如果公司合作者的生产技术落后会直接影响该公司技术水平的提高,并降低公司收益的结论。但是,他并没有回答降低收益的原因。进而,作者采用计算机生产工作站转换 RISC 操作系统为案例,在对案例进行深入研究之后发现,在原有的顾客

中,有一部分人推迟了对其产品的购买,而另一部分人决定要购买时,却转而购买了其他企业的产品。至此,公司降低收益的原因完全明了了。

第二,案例研究来源于实践,没有经过理论的抽象与精简,是对客观事实全面而真实的反映,将案例研究作为一项科学研究的起点能够切实增加实证的有效性。案例研究法虽然不比实证研究法那样对两个变量之间的关系描述得十分准确,但却是对事实存在的最好证明——有案例证明 A 可以导致 B。陈国权和李赞斌在 2002 年第 4 期的《管理科学学报》上发表的《学习型组织中的"学习主体"类型与案例研究》一文就是以案例研究作为起点。在这篇文章中,作者选取了国际知名的、长盛不衰的学习型组织摩托罗拉、惠普、通用电器作为案例研究的样本,指出员工是学习型组织中真正的学习主体,并根据"自愿式—要求式""个人式—团队式"两个维度的组合概括出四种"学习主体"类型。

案例研究法自身的特点在给它带来特殊优势的同时,也具有一定的局限性,这些局限性限制着案例研究法的效度与信度。首先,在外部效度方面,由于案例研究非常耗费时间和人力,所以采用该方法进行一项研究时,通常不会出现大量的案例,而是应用小样本研究。然而,小样本研究的弊端显而易见:当一个以小群体为被试得出的研究结论被应用于其他群体,或者较大的群体时,其有效程度是难以测量并令人信服的。因此,案例研究法的外部效度大大下降。其次,在内部效度上,案例可以说是一个真实的故事,其中包含的信息极其丰富,这对研究者把握重要情况、提炼变量的能力提出了更高的要求。案例研究的归纳不是统计性的,而是分析性的,这必定使归纳带有一定的随意性和主观性。由此,案例研究法的内部效度会被提出质疑。另外,在案例研究中现象和环境的边界不是十分明确的时候也会增加研究的困难。最后,在信度问题上,如果研究者采用多案例进行研究,案例间可能会是异质的,造成难以对案例进行归纳,这是信度上的不足。既然案例研究法有着这样的优势与不足,那么我们在将案例研究法与实证研究法结合使用时,就要注意协调好两者之间的关系,以发挥各自的优势、弥补各自的不足。

(二)实证研究

实证研究指的是通过对现有材料进行数量统计、分析,并设计精心量化的、精确的测试并推导出结论。其依据是某领域的理论能够成为可以量化的纯粹科学。进行实证研究时的一项重要工作就是将研究假设转化为可以测量的变量,然后利用各种渠道收集的数据对变量间的关系进行测量。变量的测量可以是直接进行测量,比如对于企业业绩用企业的销售利润率或者资产收益率来衡量。也可以是利用替代变量来衡量,比如对于企业的创新能力,用企业的发明专利申请的数量来测量。

在实证研究中就涉及数据来源的问题。研究数据的来源可以是调查问卷、实验或者二手数据。在设计调查问卷时,可以利用成熟的量表,也可以自己设计量表。在利用问卷获取研究数据之后,需要检查量表的信度和效度问题。信度是使用相同的研究技术,重复测量同一个研究对象时,可以得到相同研究结果的概率。效度就是有效性,测量手段能够准确测出研究中变量的程度。也就是我们设计的问卷能够在多大程度上测量研究的变量。如果是二手数据可以从上市公司年报和国家知识产权局等数据库中获取一些企业的重要信息。

(三)常用的统计方法

第一,数据的基本描述性统计分析。可以在 SPSS 中描述数据的均值、方差和变量之间的相关系数等。第二,在经济社会问题的研究过程中,常常需要比较现象之间的一些指标有无显著差异,特别是当考察的样本容量 n 比较大时,由随机变量的中心极限定理得知,样本均值近似服从正态分布,所以,均值的比较检验可以采用两个独立总样本均值的 T 检验(Independent-Samples T Test);比如要检测供应商创新绩效是否会影响企业创新绩效,可以将供应商按照创新绩效的高低分为两组,然后比较两组企业的创新绩效是否存在明显差异。第三,回归分析是统计分析方法中最重要的内容之一,是多元统计分析方法的基础。回归分析主要用于研究和分析变量之间的相关关系,在变量之间寻求合适的函数关系式,特别是线性表达式。建立因变量和自变量之间的回归模型（Regression），其中包括线性回归分析（Linear）和曲线估计（Curve Estimation）。在写实证论文时，最常用到的方法就是回归分析，用以检验两个变量之间的关系。比如要检验客户集中度如何影响企业创新绩效，那么因变量就是企业创新绩效，自变量就是客户集中度，为了确保回归结果的可靠性，需要选择一些控制变量，比如研发投入、企业的资产规模、企业业绩等，一起放入回归模型中。通过回归系数是否显著就可以知道，客户集中度是否会影响企业的创新绩效。

第三节 毕业论文导读考核与成绩评定

本课程的成绩评定依据有三个方面：第一是上课出勤和互动成绩，占比为20%；第二是文献选读和汇报的成绩，占比为40%；第三是毕业论文研究计划，占比为40%。

一、文献选读汇报要求

（1）能够选择和识别高质量的文献是学术研究的第一步。所以在此部分，需要学生清楚阐述论文的基本信息、发表时间、发表刊物、研究领域等。

（2）学会读文献是获取研究课题的基础内容，所以学生应该清楚阐述论文脉络（选题背景、研究方法、数据来源、核心内容、研究结论、研究意义等）。

（3）在读的过程中要学会思考，所以学生分享自己从该论文中的体会和收获是什么？该论文对你写作有何帮助？

（4）分析自己研读该论文之后你认为论文存在哪些不足之处？作者在数据收集处理和研究逻辑上有何不足之处？

（5）每篇论文由1~2位同学（自由组合）共同研读和汇报，PPT汇报时间每篇论文20分钟左右。

(6)为了调动大家互相学习的积极性,要求全体同学都要认真聆听其他小组的汇报,汇报结束之后,每人至少提出一个问题。

二、毕业论文研究计划

(1)完成3 000字以上研究计划,需采用统一的研究计划封面。

(2)研究计划中至少要包含以下内容:研究题目;研究背景、问题提出、研究目的与意义;国内外研究现状与评述;主要研究内容、实施方案及其可行性论证;论文进度安排、预期达到的目标;主要参考文献等。

课程评分依据:

(1)理论课程学习(共计20%)。

①出勤情况,分数占比10%。

②听课状态及随堂提问情况,分数占比10%。

(2)文献研读及汇报(共计40%)。

①清楚阐述文献基本信息,发表时间、发表刊物、研究领域等,分数占比5%。

②清楚阐述文献脉络(选题背景、研究方法、数据来源、核心内容、研究结论、研究意义等),分数占比15%。

③分享自己研读该文献后的收获、感受和心得,分数占比15%。

④语言流畅,PPT图文并茂,分数占比5%。

(3)研究计划(共计40%)。

①基本格式符合要求,分数占比5%。

②文笔流畅、有独立观点、无抄袭,分数占比5%。

③内容完整、结构合理、逻辑清晰,选题有一定价值,分数占比30%。研究计划至少应包含以下内容:研究题目、研究背景、问题提出、研究目的与意义、国内外研究现状与评述、主要研究内容、实施方案及其可行性论证、论文进度安排、预期达到的目标、主要参考文献等。

第八章　工商管理专业的毕业论文

第一节　本科毕业论文的基本结构

一、毕业论文结构的含义

按照《辞海》的解释，结构是指房屋构造的式样。表现在文章中，就是文艺作品的组织方式和内部构造。创作者根据对生活的认识，按照文章表达主旨的需要，运用各种艺术手法，对材料、人物和实践的主次进行合理的安排。根据这种理解，结构就是按照事物的内部联系和发展变化的客观规律，根据表现主题的需要，把那些零散的材料，进行合理的安排，使之条理化、系统化，成为有机整体。就文章而言，结构是作品的组织形式和内部结构，作者根据文章的主题、材料，通过一定的规则将文章组织起来。

论文结构的实质，是作者对客观事物的认识和反映，是作者基本思路的体现。作者要把某一客观事物用文字形式表现出来，就必须对这个事物进行深刻的研究，力求对它的内部规律有一个全面、清晰的认识。毕业论文的结构，就是在选定的主题下，在现有材料准备的基础上，按照一定的思路和组织方式，论证事实。如同建造房屋之前需要有房屋的图纸、制造汽车之前需要有设计图一样，毕业论文在进行写作之前也需要先明确论文的结构,才能有针对性地准备相关材料,进行知识的储备工作。如果不对论文的结构进行构思和安排,写出来的论文,重点不突出,证据不充分,很难成为成功的论文。

论文结构的设计是作者对客观事物的认识和反映,是作者对论文整体思路的体现。作者通过对论文各部分之间关联和顺序之间的思考,来完整和条理地呈现自己的研究内容。通过对论文结构的合理安排,可以使作者对研究问题进行清晰的说明,也使得读者能够快速地了解作者的思路和论文的主要内容和核心观点。可见论文的结构问题并不是单纯的技术问题或者技巧问题,实质上是作者对客观事物的认识问题。因此,在动笔之前,必须先对研究对象进行细致而深入的调研工作,以便给论文确立合理、科学的结构。

二、论文结构的原则

毕业论文的结构强调明晰、严谨和规范。所谓明晰就是纲目清晰,分门别类地把问题写清楚说明白,给人一种主次分明一目了然的感觉。所谓严谨就是结构完整、有头有尾、逻辑精密、衔接流畅,论文是浑然一体的整体。所谓规范就是指符合毕业论文约定俗成的要求。规范的结构形式是在长期的实践中形成的固定模式,代表了学术界对于论文结构的长期思考和普遍认识,不能对规范格式进行随意修改。在安排论文结构时,应该遵守如下原则:

(一)根据逻辑关系,安排内容章节

论文是对某一问题的专门论述和研究,所以在论文的写作过程中要基于论文内容的联系和发展规律构思篇章。论文的内容决定了论文的结构。在分析问题得到最终结论时,需要遵循理论建构的一般规律。如果是利用归纳法进行研究,需要遵守从个别到一般的规律,逐一分析个别事物的特征,然后进行总结得到事物发展的一般规律。不能仅仅分析了一个特殊的案例就用来得出普遍的结论。如果是利用演绎法,就是从普遍规律出发进行推导,得出具体的结论。比如资源基础观认为,企业的竞争

优势来自企业独特的资源或者能力。根据这一理论我们可以进行推断，企业的人力资本的优势可以给企业带来独特的竞争优势。另外在论述事物的对立统一关系时，总少不了正反、前后、表里、上下、质量等各对矛盾的两个方面的分析对比。比如在《得物App商业模式研究》一文中，得物通过提供平台的鉴别和担保功能给顾客创造了价值，但是并不能由此认为，提供产品质量保证是所有的平台企业的必要特征这一结论。只有通过对多个平台的研究，并考虑各种特殊情况才能总结最终结论。

所以在安排论文的结构时，需要遵守理论建构的一般规律，或者归纳或者进行演绎，而不能为了自己得出结论而任意地违反思维的规律。违反了相关的原则，论文的逻辑就会不通，结构就会不合理。

(二) 论文要围绕中心来写

本科毕业论文的篇幅要求为20 000字左右。由于字数和研究时间的限制，本科毕业论文只能围绕一个问题来写。这个问题就是论文的中心，是文章的统帅和灵魂。所有的论述都要围绕这一中心问题来写，结构要服从于中心思想的需要。不能中途改变研究方向，去讨论另外的问题。论文的结构安排应该围绕这一中心，逐级展开，先介绍问题产生的背景，再分析问题产生的原因，最后提出相关措施。比如在研究《民宿共享平台保护房东权利的管理措施研究》论文中，首先，分析民宿共享平台上房东权利被侵害的现象较为普通，会影响平台的繁荣与发展。其次，再分析这一问题产生的原因是什么。最后，可以结合理论分析和国外的先进实践的借鉴，提出相应的管理措施。这篇论文的内容就紧紧围绕着民宿共享平台保护房东权利的管理措施这一中心问题展开。研究内容层层递进，逻辑紧密。开头提出的问题，当中要有分析，结尾要有回答，首尾呼应，才能真正做到"文以传意"，不流其词，文章自然严密、科学。

(三) 条理清晰，层次分明

文章的层次就是行文的次序，它是作者思路的直接反映。它表现出事实发展的阶段性，或客观矛盾的各个侧面，或某一论断所包含的几个方面,或人们表达思想的先后步骤。安排层次,必须分清哪些内容是主要的,哪些内容是次要的;哪些内容之间的关系是递进的,哪些内容之间的关系是并列的;哪些内容应当先说,哪些内容应当后说。材料之间的互相关系不同,处理方式不同,不能错乱,否则层次不清楚自然也不会有条理。主要的层次关系有如下几种:

平行关系。平行关系的各部分内容之间没有明确的主从关系,在顺序上没有明确的先后顺序。比如在分析某企业的市场促销策略时,其中的广告、销售促进、人员销售和公共关系四种方式之间并没有明确的逻辑先后关系,可以根据该企业的实际情况和侧重进行先后顺序的安排。

递进关系。有些内容之间是存在明确的先后顺序的,此时进行内容的安排需要按照顺序进行。如果关系颠倒就会造成逻辑上的混乱。比如某企业的环境管理模式的构建,首先进行的是环境管理模式的目标和战略的建立,然后是环境管理的组织架构和人员安排,接下来是环境管理的激励制度,最后是环境管理的控制制度。这几部分内容的安排是按照管理的过程观念来进行安排的,计划、组织、领导、控制是不能进行颠倒的。

对立关系。文章论述的事理是对立统一的,表现为正反、表里、质量、胜负等。它们之间既有联系又有区别,论述的重点在于阐明它们是辩证的统一,不能将它们孤立地看待。在论述时,需要二者兼顾,而不能忽视一方面。

(四)承转自然,逻辑严密

本科毕业论文是由多个部分组成的,有的部分是总论,有的地方是分开论述,需要注重各个部分之间的转折和过渡。要使文章脉络贯通,线索分明,上下前后浑然一体,过渡和转折是不能忽视的。有的学生的论文缺少上下文之间的衔接和过渡,连接生硬,论文各个部分之间看上去就缺少关联,读者也难以明白你为什么要进行下面的研究。在从总论到分开论述之处,是需要进行过渡的,可以用"这个问题可以从如下几个方面进行分析"等进行转折。从分开到总结的地方也是进行过渡的关键之处,可以用"这个问题可以总结为……"。过渡不仅使上下、前后情节连贯,结构紧凑,避免了突兀,而且也是一种表现思想理论逐步深入的方法。

转折也是使得论文流畅的重要方式。在论文中也同样有段落作转折、句子作转折或词语作转折。比如《民宿共享平台保护房东权利的管理措施研究》一文中,论文开篇讲述了民宿共享平台的蓬勃发展,接下来就需要论述论文民宿共享平台存在的问题,需要用转折句进行转折,如"但是,相对于民宿共享平台的快速发展,民宿平台的管理措施却相对滞后,这尤其体现在对房东权利的保护上"。转折句的使用使得上下文之间的转折较为自然。如果没有转折,在介绍了民宿共享平台的发展趋势后,突然又说起问题,给人的感觉就会比较突兀。

三、毕业论文的基本结构

一份完整的毕业设计(论文)包括:标题、基本信息、承诺书、摘要、关键词、目录、正文、参考文献、致谢、附录等。

(一)标题

标题包括中文标题和外文标题。中文标题应该简短、明确、有概括性,不宜超过20个汉字。外文标题应该简洁、明确、翻译正确。

(二)基本信息

基本信息包括:学院名称、专业名称、作者姓名、作者学号、指导教师姓名及职称,以及论文完成的日期。

(三)承诺书

承诺书是论文作者对学术诚信的庄重承诺。本规范提供了上海理工大学本科毕业设计(论文)承诺书的一个规范文本,作者在仔细阅读后签上姓名和日期。

(四)摘要

摘要包括中文摘要和外文摘要两部分。中外文摘要均包括摘要正文和关键词。论文摘要简要陈述本科毕业设计(论文)的内容、创新见解和主要论点。中文摘要在500字左右,外文摘要应与中文摘要的内容相符。

关键词是反映毕业设计(论文)主题内容的名词,是供检索使用的。

(五)关键词

关键词条应为通用词汇,不得自造关键词。关键词一般为3~5个,按其外延层次,由高至低顺序排列。关键词排在摘要正文部分下方。

(六)目录

目录按三级标题编写,要求标题层次清晰,并标明页码。

(七)正文

正文篇幅要求20 000字以上。毕业设计(论文)的核心设计、研究篇幅应占全篇幅的2/3以上。内容包括绪论、正文主体与结论。绪论是研究工作的概述,内容包括:本课题的意义、目的、研究范围及要达到的技术要求;简述本课题在国内外的发展概况及存在的问题。绪论一般作为毕业设计(论文)正文的第1章,并在一章内完成。

正文主体是研究工作的详述,内容包括:问题的提出,研究工作的基本前提、假设和条件;模型的建立,实验方案的拟定;基本概念和理论基础;设计计算的主要方法和内容;实验方法、内容及其分析;理论论证及其应用,研究结果,以及对结果的讨论等。正文主体一般可分为若干章完成。

结论是研究工作的总结,内容包括:对所得结果与已有结果的比较和课题尚存在的问题,以及进一步开展研究的见解与建议。结论一般作为论文正文的最后一章,并在一章内完成。

(八)参考文献

参考文献为研究中参考的资料,包括专著、论文、年鉴、网站等。所引用的文献必须是公开发表的与毕业设计(论文)工作直接有关的文献,且经过本人阅读理解。列入的主要文献要求不少于15篇,其中外文文献不少于3篇。参考文献应该是近年来发表的,能代表学科发表前沿的文献。

(九)致谢

毕业设计(论文)是在指导教师的指导下完成的,理应致谢。还应对完成论文提供过帮助的其他人员致谢。切忌泛滥和溢美。

(十)附录

附录是对于一些不宜放在正文中,但又直接反映研究工作的材料(如设计图纸、实验数据、计算机程序等)附于文本末尾。

第二节　毕业论文的题目拟定

毕业论文的选题是毕业论文写作的第一步,论文选题决定了论文的成败。学生需要在导师的指导下,基于自己对经济学、管理学理论的学习,结合自己在社会实践和生活实践中的思考、文献阅读来确定自己的选题。

一、本科毕业论文选题来源

(一)来自课程学习的深入思考

工商管理系学生在选题时,已经完成了多数理论课程的学习,具备了经济学和管理学的基础理论素养。如果学生在课程学习的过程中,注重思考,也会发现一些有价值的线索,这些线索有些可以升华为毕业论文的选题。比如在市场营销学课程学习中,在产品策略章节中,消费品分为四类,便利品是那些消费者经常购买的产品,消费者在做出购买决策时,不需要进行信息收集和评价备选方案,因此便利品可以进行经常性的促销活动。但有的同学会发现,农夫山泉的矿泉水就是典型的便利品,但是超市里农夫山泉的矿泉水几乎从来不参加各种促销活动,其原因是什么呢?这种矛盾启示我们进一步思考,该如何解释这种现象。是不是便利品还可以进一步细分,有的保质期长、有的保质期短?或者有的品牌知名度高不需要进行打折?对这些问题的思考为毕业论文选题提供了潜在的来源。

(二)对社会实践的观察和思考

工商管理专业学生的培养目标就是能为社会各类企事业单位提供合

格的管理人才。工商管理专业的学生是要参加企业的实际工作的,毕业论文也应该以解决社会实践当中的问题为出发点。比如 2017 年时,共享经济兴起,以爱彼迎为代表的房屋短租平台迅速发展,但是也带来了管理的问题,比如有的客人在短租的房子举行聚会,给房东带来了房间污损和物品丢失等问题。针对这一问题可以进行深入思考,这一问题的管理理论是什么。经过思考,学生发现,这是一个民宿共享平台内部管理措施完善的问题。随着这一问题的深入分析,学生发现会用到平台市场的理论、不对称信息下的选择的理论,需要进一步学习相关的理论,用这些经济学的基本原理来分析上述问题产生的根本原因,在这个过程中,学生弥补了自己在知识储备上的不足之处。又如,某同学在一家连锁咖啡企业实习时,发现该企业的员工流失现象严重,尤其是一些"95 后"员工。那么针对"95 后"员工的特点,调研他们对工作的态度,设计相应的激励机制,减少员工的流失也是一项很有意义的研究议题。

(三)来自生活实践的思考

留心处处皆学问,有价值的研究题目也可以来自浏览新闻或者网上购物中的体验。尤其是一些新的现象、新兴的商业模式等,特别值得学生关注。比如针对最近两年才刚刚兴起的潮鞋炒作,得物公司快速兴起,创业仅四年,估值超过了 10 亿美元。那么这家公司是凭借什么获取如此之高的估值的呢?其靠什么吸引客户呢?其独特的竞争优势是什么?可以借用商业模式的分析框架,对得物公司进行分析。又比如 2018 年 12 月百度李彦宏对公司组织结构进行调整:搜索公司及各事业部的运维、基础架构和集团级共享平台整合至基础技术体系,基础技术体系进一步提升数据中心、基础架构、运维等方面的能力,打造强大的技术平台,提高工程效率及资源效率,早日实现"云上百度"的目标。百度为什么要进行组织结构的变革呢?为什么将过去分散在事业部的技术平台进行整合和统筹安排呢?这背后是否意味着企业的技术部门的组织机构会影响企业的创新绩效呢?

(四)来自文献的阅读

从文献中得到启示,从而选定研究题目是进行学术研究的一般方法。但对于本科生选题而言,需要基于毕业论文之前的毕业论文课题选读课程来进行。这种方法需要学生提前进行文献的阅读和储备。在文献阅读时,不能走马观花,应该沉下心来,一边阅读,一边思考。可以将文献中的重要观点和文献给你的启发进行记录。也可以对文献进行分门别类的总结,对研究的发展趋势进行分析,就可以大概确定研究的方向。比如通过对企业创新的研究可以发现,更多的研究从创新生态系统的角度出发,说明这就是一个热门方向。可以选择此领域进行研究。在文献中获取研究选题的一个小技巧就是,可以看现有文献的研究不足和展望部分,多数文献都在研究不足和展望中真实地说明了论文研究的不足之处,如果有条件能弥补文献中的不足,或者按照其思路进行后续研究,就是很有价值的研究选题。

二、本科毕业论文题目的拟定

在确定选题范围之后,需要和导师协商来拟定题目。毕业论文题目居于论文之首,是读者和评阅老师最先看到的论文部分,堪称论文的"眼睛"。一篇好的论文题目除了给整篇文章起到画龙点睛的作用之外,还直接决定着论文的内容范围、框架结构以及要用的参考资料。所以说,拟定论文题目是毕业论文成功的关键。

(一)毕业论文题目的重要性

毕业论文的题目应该直接或者间接地揭示论文研究的主题,具有新颖和鲜明的特点。当读者和评阅老师在阅读论文时会首先去看毕业论文的题目,新颖别致的题目可以增加读者和评阅老师的兴趣,吸引读者和评阅老师认真地阅读论文的内容,留下良好的第一印象。题目应能把全篇文章的内容、研究的主要目的等因素确切而生动地表达出来,是对主题的高度概括。如果文不对题或题目不能确切表达文章的中心论点,自然就不能准确地反映出文章的内容,从而使文章失去读者。由此可见写好毕业论文题目的重要性。

(二)论文题目的要求

(1)毕业论文题目应该简洁。毕业论文的题目类似产品的名称和品牌,应该简明扼要。既要惜墨如金、语言生动、醒目、引人入胜,又要语简词精、含义确切、一目了然。有的学生论文题目选择较为啰嗦,存在文字重复或者不是论文重要内容的词。如果遇到论文内容较多,题目不能充分涵盖时,就可以通过添加副标题的方式来补充说明论文的特定内容。

(2)毕业论文题目应该力求准确。准确无误是拟定题目的最基本的要求,在选定毕业论文题目时应该谨慎用词。题目必须简明、准确、明晰地表述论文的特定内容,恰如其分地反映研究的范围和达到的深度。部分同学在拟定题目时考虑不周,常常出现论文的题目和内容不符的现象,还有的同学刻意求新,这都会使得题目的选择不适合毕业论文的要求。

(3)题目拟定应该符合规范。根据论文要求,本科毕业论文的题目一般不超过20个汉字,必要时可加副题名;题目要符合编制题录、索引和检索的有关原则;所用词语除了应能准确反映文章特定内容外,还要有助于关键词的选定;应避免使用不规范的缩写词、字符、代号,尽量不出现数学式和化学式以及外语词语或相关符号等。

(三)工商管理本科毕业论文题目的拟定方法

(1)平铺直叙法。这是最基本的毕业论文拟定的方法。这种方法就是利用专业术语对论文题目进行准确、精炼的表达。这种题目直截了当地表达论文研究的课题的主要内容,概括准确,用词精炼。比如《不同领导风格下员工建言问题研究》《研发组织结构对企业创新绩效的影响分析》等。

(2)突出重点法。论文题目是评阅和答辩老师首先接触到的对象,此时好的论文题目就可以给老师留下很好的第一印象,并且吸引老师仔细地阅读论文,并给予论文客观的评价。如果论文题目平平,没有能对论文的亮点进行展示，即使论文的内容很精彩，也往往会被评阅老师或读者低估。作为工商管理专业的毕业论文可以用突出时间、地点、人物、事件的词汇。比如，2017届某毕业生的论文《网红经济背后的商业模式分析》，凸显了网红经济这一新兴现象，一下子就吸引了老师的注意。

（3）案例研究命名法。工商管理专业的本科毕业论文常选择一家典型公司进行分析，这时可以用案例研究法命名。案例研究是应用战略管理、市场营销和组织行为学等理论对某公司进行深入研究，以对其他企业产生有价值的启示。在选择案例研究对象时，应该尽量选择新兴的商业模式。这类命名通常为《××公司发展战略研究》《××公司市场营销战略研究》等。

三、毕业论文选题要求

（1）选题应与经济管理实践相结合，避免纯理论研究。纯理论研究尽管潜在的学术价值较高，但其把握难度较大。本科生由于时间和知识储备的限制，不宜选择这一类题目。

（2）选题应避免题目过大，难易应适度，学生在规定时间内经过努力能够完成任务书所拟定的工作要求。研究范围较大的题目，其包含的内容较多，涉及的变量也多，变量之间的关系较为复杂，这不利于学生分析问题和解决问题。比如要研究上海集成电路产业的发展策略，需要了解集成电路的原材料、设计、分装和测试等相关产业环节的发展状况，以及各环节之间的互补情况，这涉及众多的企业，仅仅获取相关数据就需要做大量的调研工作。这种题目不适合作为毕业论文选题。

（3）选题应做到一人一题，若需要有多个学生共同参与才能完成的课题，应明确各个学生独立完成的工作内容。同一题目最多用三届，并且每届都应有一定的改进。

（4）选题实行指导教师与学生双向选择，学生可以尽量参与教师的研究课题。毕业论文题目可以是学生自主选题，指导教师根据学生题目的新颖性和可实现程度，对学生的题目提出修改建议。题目也可以采用教师提出可选题目,学生根据自己研究兴趣进行选择的形式。

(5)选题一经确定,不得随意变更,如需修改毕业论文题目,需由指导教师向系毕业论文评议小组提出申请,并说明理由,经系毕业论文评议小组报备系毕业论文审核小组审定通过后,同时按要求提交"本科毕业论文题目变更表"报学院和教务处,获得批准后,方可变更;如在中期检查之后修改题目,且修改后的毕业论文内容与原题研究内容相差较大者,经学院和教务处批准后需办理毕业论文延缓答辩申请。

第三节 毕业论文摘要的撰写

摘要是本科毕业论文的重要组成部分,摘要的内容一般可以独立成篇,包括论文的主要内容,有利于读者不读全文就可以准确无误地掌握读者研究的内容和重要性,学生必须高度重视摘要的写作。

一、摘要部分的结构安排

论文的摘要一般由三个部分组成。第一,研究的背景和目的。在本部分需要对毕业论文展开的背景进行简要介绍,也就需要在摘要的开始部分先提出问题,以说明论文的研究具有现实背景和紧迫性,也可以彰显论文的研究价值。本部分100字左右。第二,研究的内容和方法。在本部分介绍作者是如何开展研究的,论文开展了哪些研究、用了何种方法,这是摘要的主体部分。本部分内容约300字。第三,研究的结论和意义。在本部分介绍自己的研究得到了哪些有价值的结论,这些结论是否和以往研究存在差别,论文研究的理论和实践价值是什么。在这里应该给出论文的具体结论,而不能泛泛而论。比如某论文研究了客户集中度对企业创新的影响,在结论中应该具体指出,客户集中度与企业创新是促进效益还是抑制效应,而不能仅仅说客户集中度会影响企业创新。

把握好摘要的结构安排可以帮助学生写出层次分明、重点突出的摘要。关键词一般3~5个,关键词应该能涵盖研究的主题,有利于读者判断研究的学科领域。

二、毕业论文摘要写作的建议

(一)摘要应该和正文内容对应

摘要与正文对应是摘要写作的一项基本要求。摘要是全文内容的浓缩与凝炼,因而要和论文一样保持全面与客观。要求作者写作摘要时,认真分析论文各要素间的逻辑关系以及论文的结构体系。摘要需要对论文的研究背景进行客观的总结和刻画,研究内容也应该涵盖论文的主要内容,不能漏掉主要内容更加不能进行任意添加,对于论文的结论和研究意义也应该实事求是,不能进行人为的拔高。有些同学由于论文摘要写作和正文写作时间的不一致,或者在摘要写好后对论文的内容进行了调整,使得摘要中的内容和正文不符。这是摘要写作的大忌。

(二)摘要要突出重点

摘要的写作有着结构和字数的限制,很容易使学生在写作摘要时被格式所困,写出来的摘要千篇一律、老气横秋。摘要是论文的眼睛,读者会通过阅读摘要来判断整篇论文的价值,所以一定要注重在摘要中凸显自己的原创内容和论文的创新之处,以求能第一时间抓住读者的眼球。这就要求作者有着高度的概括能力和文字表达能力,将论文中新的研究内容、新的研究方法、新的研究结论进行充分的展现,以让读者快速地了解论文的创新之处,激发读者进一步阅读论文的兴趣,也使读者能准确评价论文的质量和价值。有的同学的论文明明有创新之处,但遮遮掩掩、欲说还休,这就不利于读者正确的判断论文的价值。

(三)摘要写作应该客观

论文的摘要不能出现评价性等主观性的字句,因为这样不仅会占用摘要的表达空间,而且不利于读者对论文做出客观判断。摘要只是论文主要内容的呈现,读者应该本着全面客观的原则阅读,不对研究进行自我评价,不能出现"属于首次""尚未见报道"等字样。在摘要写作中尽量用第三人称写作,比如"对某某问题进行了研究""利用某某渠道进行了数据收集"。不宜出现我、我们、作者等字样。

(四)重视摘要的写作

很多同学重视论文内容的写作,而忽视了论文摘要的写作,这也导致很多毕业论文摘要的质量不高。而实际上由于读者时间和精力的限制,常常通过阅读摘要来判断论文的价值,这就意味着摘要比论文更为重要。摘要既然是论文的浓缩与凝练,既然是读者阅读的首选,那么摘要的写作就要字斟句酌。摘要应该较为简练,避免大话和空话,多用短句,表达要清晰、准确、具有逻辑性。在摘要写作中也应该注意尽量不用学术界不统一的简称,也不能出现公式和图表,避免引用文献。

(五)英文摘要的书写

本科毕业论文需要写作英文摘要。英文摘要的基本内容和要求与中文摘要相同,但在英文摘要中需要注意时态的问题。英文摘要中时态一般用一般现在时和一般过去时,少用现在完成时、过去完成时,进行时态和其他复合时态基本不用。一般现在时用于说明研究目的,叙述研究内容,描述结果,得出结论,提出建议或讨论。一般过去时用于叙述过去某一时刻、时段的发现,或某一研究、实验、观察、调查、医疗等过程。对于英文摘要应该进行细致认真的翻译和书写,不能拿来主义,用翻译软件一翻了之。

英文摘要的首句可以用第三人称 This paper……等开头,也可以用被动语态和以表达重要事实的名词或名词短语开头,应尽量避免选用从句介词短语分词或分词短语开头。摘要的首句不能重复题目,应对标题的内容有所引申和扩展,应将表达重要信息的部分放在句首开门见山,突出重点。叙述中一般不要随便使用带有主观色彩的词(如 maybe、suggest、probably)和描写程度的词(如 quite、rather、considerable 等)。

(六)选择适当的关键词

关键词是论文讨论的核心问题的浓缩,可以弥补论文题目长度的限制。有利于读者通过关键词检索到论文,并且判断论文的研究领域,决定自己是否阅读该论文。关键词应该能体现论文研究的核心问题和学科范畴。比如某同学题目是"客户集中度对企业创新绩效的影响",在论文中讨论了客户的集中程度是如何影响企业创新绩效的,关键词就可以选择"客户集中度""创新绩效""客户议价能力""客户关系"作为关键词。在选择关键词时需要注意关键词和摘要之间的关系,关键词代表了论文研究的核心问题,关键词的内容应该在摘要中得到体现。学生在选择关键词时,由于不了解关键词的作用,常通过对题目进行拆解的方式获取关键词。这就误解了关键词的作用。

需要特别注意的是,普通无检索价值的词一般不能作为关键词,如"研究""分析""调查""技术""管理"等,未被学术界普遍认可的缩写词不能作为关键词,论文中提到的常规理论方法为大家所熟知也不宜作为关键词,如"五力模型分析"等。

第四节　毕业论文的正文

一、绪论部分

(一)绪论部分的基本内容

绪论部分又被称为引言或者导言,一般安排为论文正文的第一章,其作用是引出正文。尽管绪论部分篇幅不多,但其居于篇首,地位举足轻重。在绪论部分要介绍论文的研究背景、意义、创新之处、研究方法、主要内容等,可以使得读者或者评语老师在未读论文之前就获得论文的基本信息。一般而言绪论的内容包括了如下部分:

课题研究的背景和意义。绪论部分的内容为研究背景和意义。本科毕业论文中研究背景和意义的写作方式区别于期刊论文,期刊论文的研究多数基于文献提出,而本科毕业论文多基于某项现实背景提出。可以通过社会调查来获取相关信息。在具体的介绍中,可以采取递进式的写法，先从广阔的社会背景开始，逐步缩小到要讨论的研究问题上来。

写作的时候，要从潜在读者的兴趣和背景知识出发，尽量将这部分写得引人注目。这样可以使读者对论文的研究主题有一个宏观的认识，有助于读者充分认识研究的重要性。比如《民宿共享平台保护房东权利的管理措施研究》一文在介绍研究背景时，可以首先介绍"小猪短租"等民宿共享平台的快速发展，然后可以列举民宿共享平台出现的危害房东权益的具体案例，最后进行总结说明这一问题的研究具有很强的现实背景。随着工商管理专业培养模式的调整和人才培养质量的逐渐提升，学生选择理论研究类题目的逐渐增多，理论类题目一般需要通过文献的分析来提出研究的背景。需要学生首先进行文献的检索，在写作论文时，可以将与研究主题相关的文献用自己的语言进行总结，然后说明这些文献的研究缺口是什么。如果该领域的问题不多，可以适当扩大搜索领域，如果是热点领域只列举最相关的文献即可。研究背景可以使得读者较快地了解研究的起因。

在对研究的社会背景进行介绍或者对已有文献进行了总结之后，可以对研究的意义进行总结。研究的意义可以从理论和实践两个方面进行论述。理论意义是指对管理理论的发展或者贡献，弥补了现有理论的哪些不足之处。实践意义一般是对企业管理实践的启示，有利于管理者在开展实际管理工作时，考虑到该问题，提升管理效率和效能。

提出论文的研究问题。绪论部分在对研究背景和意义介绍的基础之上，可以提出本文要研究的问题。对于研究问题的提出应该具体和明确。问题的提出通常和研究背景是相连续的，通过研究背景的介绍，这个问题的社会发展脉络或者文献的总结可以顺理成章地引出研究的问题。

论文采用的研究方法。在本部分需要介绍为了解决这一研究问题，用了何种方法。如为了研究民宿共享平台保护房东权利的管理措施这一问题，需要对"小猪短租"平台进行典型案例研究。为了研究网红对消费者选择的影响，需要用问卷调查的方法和数据定量分析的工具进行研究。

研究的主要内容。绪论中应该明确表达作者如何展开对这一问题的研究,从哪几个方面对这个问题进行研究,从而让读者或者评阅老师对研究问题有大致了解。另外在介绍研究内容时应该和论文的题目和关键词保持一致。让读者体悟到论文的研究内容和题目是吻合的,和研究背景是相符的,论文就会表现出较强的逻辑性。

论文的创新之处。创新是论文的灵魂,是推动科学技术发展的动力,是反映一篇论文质量的主要标准。尽管本科毕业论文对创新性要求不高,但论文也不能仅仅是对前人研究的重复。作者需要对论文的创新之处进行具体详尽的描述,不能寥寥几句模糊论之。作者可以在这里列出研究了哪些新的问题,用了哪些新的方法,得到了哪些新的结论。

当然,上述是绪论的基本组成部分,每位作者可以根据论文的研究需要进行适当的调整,但总体而言,绪论部分要短小精悍、简明扼要、紧扣主题。

(二)绪论部分写作要点

绪论部分应该言简意赅。绪论不同于论文的文摘,文摘侧重于摘录和浓缩,侧重于突出研究的过程、结论和方法,通过阅读文摘或者摘要可以简要了解论文的主要内容。而绪论的部分侧重于叙述研究背景和意义,其作用是引出论文的正文。在绪论部分通过对研究的实践和理论背景,叙述研究的目的和意义、研究内容和创新之处等。

绪论部分不要进行无关材料堆积。部分同学对绪论的写作不得要领,在论述研究背景时长篇大论。一般而言研究背景只需要介绍与论文直接相关的背景即可。如在论文《研发组织结构对企业创新绩效影响研究》中,对于企业创新的重要性就不需要进行过多的介绍,用1~2句话介绍企业创新对于我国经济转型或者企业竞争优势构建的作用即可。下面需要着重介绍影响企业创新的因素有哪些,以引出研发组织结构与企业创新绩效。

绪论中对研究意义的论述应该客观。应该从理论或者实践的角度实事求是地论述论文研究的意义,如"加深了对××理论的认识""有利于管理者在管理实践中正确认识两个变量之间的关系"。在绪论中不需要进行自我评价,不能出现"是国内首次""填补国内空白"等字样。

二、文献综述部分

文献综述是指在全面搜集、大量阅读有关研究文献的基础上,经过归纳整理、分析鉴别,对所研究主题的相关成果以及理论贡献和存在的问题等进行系统、全面的叙述和评论。文献综述是本科毕业论文的重要组成部分,通过文献部分学生可以了解研究主题和研究脉络,形成自己的研究基础,为自己的研究题目奠定理论基础,是厘清研究问题的重要一步。通过阅读文献综述就可以了解本科生毕业论文是否有研究基础,也可以大致判断论文的创新性。所以要写好本科毕业论文,必须先扎扎实实地做好文献综述工作。

(一)文献综述部分的重要性

1. 文献综述是毕业论文研究的重要基础

学术研究工作是在不断地继承和发展中开展的。没有哪项学术工作是完全脱离了前人的工作基础而存在的。也正如牛顿所言"之所以我看得更远些,是因为我站在了巨人的肩膀上"。所以当我们在开始毕业论文工作时,需要首先对前人的研究进行总结,以前人到达的高度为起点,再去探索新高峰。比如 Teece 等人提出动态能力理论就是建立在资源基础观的基础之上的,资源基础观认为企业的竞争优势来自企业内部的资源和能力,但是企业内部的能力是存在层次的,Teece 等人基于高阶能力提出了动态能力理论。文献综述就是要回答所研究问题"从哪里来,到哪里去",它通过认真梳理所研究问题中前人的研究成果,厘清前人已经做了哪些工作,进展到何种程度,并找出其内在的逻辑关系和演进规律,从而将研究问题逐步聚焦和细化,凝练出本研究的主题。成功的毕业论文研究综述能够系统地评价和分析现有研究的发展趋势,为自己的研究主题提供科学的基础和支持。

2. 文献综述是创新的基础

首先,文献综述有助于创新方向的把握。发现问题是创新的首要问题,通过文献综述可以辨别本领域发展的前沿,厘清相关主题的研究工作,前人工作已经解决的问题有哪些,没有解决的问题有哪些。如果没有文献综述,就不了解哪些方面是现有研究的缺口,自以为找到了一个有价值的研究问题,其实这个问题已经被广泛研究,此时论文的研究价值就大大下降。其次,文献综述有助于提出创新观点。文献综述的过程也是学习加思考的过程,通过阅读文献既掌握了学科发展的前沿,了解了以往的研究,又可以在这个过程中获取自己的研究思路。通过文献的阅读获取不同的思路与方法,在知识的积累过程中会进行不同思路之间的激荡,产生碰撞的火花,或者是和已有结论不同的全新结论,或者是对现有结论的不同解读,这些都形成了创新的重要来源。不进行文献综述,等于失去了获取新思路、新观点的重要来源。最后,文献综述有助于论证创新。在文献综述的过程中不仅可以得到创新的观点和启示,而且学习到了已有文献进行论证的基本思路和方法。通过学习别人如何收集数据、分析数据对创新进行合理的论证,为自己进行创新点的论证提供了基础。

3. 文献综述的过程有助于提升学生的学术素养

首先,通过文献综述可以锻炼学生的文献检索能力。学生在文献查找的过程中,掌握了检索文献的方法。如何借助不同的平台进行文献的检索,如图书馆已有的知网和万方等数据库,以及互联网的学术搜索等方式。在信息爆炸的时代,文献检索越加方便,文献的甄别就显得越加重要。在大量的文献中甄别出学术质量较高的、和自己主题关系密切的文献是一项重要的能力。在文献综述的过程中,学生通过干中学,进行文献收集和鉴别使自己的文献检索能力得到快速提升。其次,文献综述完善了学生的知识结构。学生在本科课程学习阶段学习了大量的经济学和管理学的知识,但是那些知识和理论都是较为成熟和经典的理论,并且从理论产生到得到普遍验证被写进教科书,有较长的周期。而通过读文献的方式可以了解管理理论的最新发展。这是一个重要的学习新知识、拓宽知识面、深化已有认识的过程。另外在文献收集的过程中阅读到了经典的理论文献会加深对理论的认识。最后，文献综述可以提高学生的逻辑推理能力。学生在文献的阅读过程中，需要对文献进行认真的思考，向读者条理化和系统化地展现文献发展的脉络，在这个过程中需要运用归纳和演绎、分析和综合等方法。在这个过程中，学生的思维能力得到了锻炼和提高。

(二)文献综述的写作要求

1. 文献综述必须围绕研究主题展开

学生在进行文献综述时，必须牢记，我们进行文献的综述目的是为了完成毕业论文，也就是管理中的目标导向原则。不能为了收集文献而收集文献，被纷杂的文献所羁绊，忘记了文献收集的初心，而必须紧紧围绕本科毕业论文的研究主题展开。要围绕着文献的中心进行文献的梳理工作，按照文献与研究主题的关系进行分类，与主题相关度最高的优先进行阅读，相关度低的等时间充裕时再进行阅读。在文献综述的过程中，掌握相关研究主题的进展，已经解决的问题有哪些，尚未解决的问题有哪些。比如在研究客户集中度与企业创新关系时，可以用客户集中度与创新两个关键词在数据库中进行搜索，获取研究二者关系的论文，如果文献较少，也可以适当参考客户集中度与企业绩效研究的论文。

2. 遵循"文献树"原则

在进行了文献收集工作之后，需要对相关的文献按照"文献树"原则进行分类整理。"文献树"原则也就是"学术谱系"原则，指按照研究角度将类似的文献进行归类，再按照"由远到近""由宽到窄"的规则将研究文献逐层细化定位，从而形成一个具有内在结构和逻辑联系的有机整体。形象地说就是在文献综述时，研究主题是树干，相似的一大类文献构成了次要树干，权威文献构成了主要树枝，其他文献则构成树叶。作者对涉及的每篇文献，都要合理定位其在"文献树"中的位置，并做出适当分析和评论，提炼有用的观点，从而将研究的问题逐步聚焦和深化，导出研究主题。利用"文献树"原则可以对文献进行系统的梳理，避免文献的遗漏，这样写出的文献综述在结构上较为严谨。

3. 突出权威性文献

在文献的梳理过程中会积累大量的文献，但对于这些文献不可平均发力，需要有所侧重。文献的重要程度可以从相关性和权威性两个方面进行衡量。对于与研究主题相关性高且为权威人士的经典著作，需要学生进行深入的钻研和精读。认真精读这些经典文献的提出背景是什么，所采用的方法和工具是什么，所得到的结论是什么。通过研读经典文献可以"取法乎上"，大大提升论文的创新性和论证的严密性。研读经典文献的过程就是寻找巨人肩膀的过程。对于相关度高但是权威性不高的文献，可以进行泛读，批判性的阅读。

4. 评述结合

文献的综述包括两个部分，"综"和"述"。"综"就是对现有文献进行分类整理的过程，而"述"就是对现有文献资料进行述评的过程，对文献的研究结论和方法进行叙述和评论，目的是发现研究的趋势、方向和不足之处。由此可见，文献综述应该包括两方面内容，一方面是对文献的整理，一方面是对文献的评价。本科生在文献综述时常犯的问题就是"综"而不"述"，只是简单地进行文献的罗列。而通过对文献的客观评价，可以为自己的研究奠定基础，成为自己研究创新的起点。

5. 精读与泛读相结合

收集大量的文献资料是写好文献综述的前提，但是阅读大量的文献是学生面临的一大难题。本科毕业生由于知识基础的限制，阅读文献的效率较低。这就需要对文献进行分类，精读和泛读相结合。拿到一篇文献不要急着去阅读，需要首先判断文献的权威性和相关性，据此决定是精读还是泛读。如果是相关性和权威性强的文献就需要进行精读，也就是全文细读，反复地研读，从研究背景、研究意义、研究方法和结论都要进行详细阅读，直到完全理解论文的研究内容。而对于和论文相关度不高或者权威性不足的论文，可以选择泛读的方式。对于精读的论文需要做好笔记，重要的理论方法和结论要进行记录，比较好的语言也可以记录下来，这有利于写作能力的提升。泛读时主要阅读论文的摘要和研究结论，其他部分如研究的理论基础和假设等部分可以根据自己研究的需要进行选择性阅读。当然,找到启发自己思想或对研究有用的文献,还需要较强的文献识别能力,然而这种识别能力正是在大量阅读中培养起来的,只有经历过千般磨砺,才能练就"慧眼识珠"的功力。

三、论文的理论架构

理论架构和文献综述不同,文献综述是一个对前人研究进行总结和发现问题的过程。而理论架构是分析问题和解决问题的过程。在工商管理学科领域的论文写作中,理论模型的建立是最核心的一部分内容。理论就是对实践的解释和预测,也是进行学术研究的核心目的,通过对管理现象的总结,找到变量之间的规律,可以对将来的管理实践产生启示。当然理论存在不同层次,一般而言理论可以分为宏大理论、中层理论和细微理论。宏大理论最为全面,包括了一套相互联系的法则,这些法则在不同的情境下都适用。比如委托代理理论就是一种宏大理论。而细微理论被称为工作假设,他是普通人在日常生活中建立的常识。细微理论只集中于有限的概念,这些概念只和有限情境下的少数现象相关。而中层理论介于二者之间,其目的在于通过抽象化的学术概念去解释所观察到的特定情境条件下的现象背后的模式。比如社会责任的研究发现,企业承担社会责任会影响企业的业绩,但是二者之间的影响机制是什么?根据工商管理专业学生毕业论文的写作特点,从企业案例分析和实证研究两类论文为例说明理论架构在论文中的作用。

(一)企业案例分析类论文的理论部分

这一类论文通常结合研究某个具体案例,分析企业的发展战略、营销战略和商业模式等问题,是近年来工商管理专业学生选题的热门方向。写这类论文时,基础理论的掌握和应用是作者收集材料、形成论点和论据的基础。比如某论文讨论了《旺旺公司的营销战略研究》,那么作者首先需要去了解营销战略的概念和一般过程。营销战略的制定需要从环境分析,到市场细分和市场定位,再到最后的 4P 策略。如果对营销战略不了解，就无法进行材料的收集工作，也不能形成合适的论点。如果理论框架应用不当，就会影响分析的准确性和完整性。如论文《迪士尼的营销策略研究》中如果仍然用产品营销普遍采用的4P营销策略进行分析，就会发现，迪士尼的员工和运营过程等方面难以在论文中体现，放在4P中的哪一部分都不合适。这就是用错了理论分析框架，对于服务企业在分析其营销策略时，最好用服务营销的7P模型，这样内容就更为全面。要写好案例类论文的理论部分需要从三个方面入手。

第一，认真研读经典著作。作者要对与研究论文相关的经典著作和重要文献进行研读，对于研究主题相关的理论问题能准确理解。比如研究《康师傅涵养泉的品牌策略研究》就需要仔细研读品牌学的经典书籍，了解品牌策略的内涵，为进行具体的案例分析打好基础。如果要研究《××公司的商业模式分析》，就需要首先对商业模式的书籍和经典论文进行研读，知道什么是商业模式，商业模式的构成部分有哪些，这些构成部分之间的关系是什么。在了解了理论之后，需要在论文中对该理论进行介绍，学生要真正理解理论的核心概念和内容，不能一知半解。

第二，学会理论联系实际。在理论写完以后，一定要说明为什么选择该理论，该理论如何指导你的研究内容，如何帮助解决问题。在用理论指导实践时，需要考虑理论适用的前提条件，根据研究案例企业的实际情况和具体内容进行创造性的结合。比如要研究某公司的商业模式，就需要根据商业模式的研究框架，搜寻案例公司相关的资料。该公司独特的定位是什么，能给顾客提供何种客户价值，该公司内部运营过程如何，如何为顾客提供相关产品和服务，公司的盈利模式如何，能否获取利润。通过理论和实践的结合，就可以基本形成论文的研究框架。

第三，在理论的指导下进行创造性思考。毕业论文的写作离不开理论的指导，但是理论并不能为人们提供解决问题的现成答案。因此，阅读经典著作和重要文章，绝不能只是消极被动地接受其中的某些结论，而是要创造性地思考，努力从前人的知识中寻求某些启发，用以指导自己探索当前面临的问题。理论来自实践，也是用实践来检验的，在运用理论的过程中也不能僵化和教条化,需要注意理论的前提条件和应用场景。比如现有的战略管理的过程形成于20世纪70年,那时候企业竞争远没有现在激烈,环境变化的速度也慢。企业制度的战略周期较长,而现在的超竞争的环境下,企业战略周期变长,甚至需要企业时时对环境的变化做出战略反应,此时在应用战略管理理论时需要进行适当调整。

(二)实证研究论文的理论模型

在实证研究论文中,理论模型是毕业论文的核心内容,决定了毕业论文的创新性和理论贡献。在理论模型中交代研究问题的框架、机理和机制。这一部分可以理解成论文的骨架,理论架构将支撑你的后续研究,是后续研究的基础。如果理论模型出错,后面的数据收集和方法都会毫无价值。简单而言,在理论模型中需要对变量进行界定,然后建立变量之间的关系,比如客户集中度与企业创新绩效之间的关系。

理论模型建立的一般过程包括:首先,定义相关概念。概念是对特定事物或现象的表达或者说明。比如,社会资本、网络中心度、信任、创新能力等。概念都有自己独特的外延和内涵。在进行毕业论文研究时,需要首先对概念进行定义。如在研究专用性投资与企业创新的研究中,需要首先对专用性投资的概念进行定义。在定义概念时,需要注意概念和变量的区别,尽管概念和变量是同一事物或现象的不同表达,但在实证研究中,变量和概念并不完全一致,变量是为了对概念进行测量而产生的。比如在测量专用性投资时,由于数据的限制其变量仅仅测量了专用性投资的两个维度——专项专用性投资和地点专用性投资。其次,建立研究假设。在选择了概念之后,紧接着的一个重要问题就是这些概念为何会联系在一起。在实际研究中可以用变量关系图的形式进行表示,用方框表示变量,用箭头表示变量之间的关系。再次,明确变量之间的机制和原理。仅仅提出研究假设并不构成理论,因为无法排除两个变量之间只是相关或者共同受到其他变量的影响的可能性。理论需要回答为什么两个变量之间具有关系。比如客户集中度会影响企业创新绩效,理论就是要回答客户集中度影响企业创新绩效的原因是什么。变量之间的关系有可能存在直接关系、间接关系或者调节关系等。直接关系就是 X 直接影响 Y。间接关系一般是通过中介变量产生的,X 对 Y 的影响是通过变量 Z 实现的。中介变量可以区分为完全中介和部分中介两种。调节变量就是存在变量 Z 影响 X 对 Y 之间的关系。下面用客户集中度与企业创新绩效来举例说明变量之间的关系。客户集中度与企业创新绩效之间的关系就是直接关系。如果客户集中度是通过影响企业的创新投入而影响企业创新绩效的,那么创新投入就属于中介变量。如果企业与客户之间的合作关系会调节客户集中度与企业创新之间的关系,则企业与客户的合作关系就是调节变量。理论模型建立的方法有演绎和归纳两种。演绎是将一般性的原则推导到具体的情境的方法,而归纳是通过对具体事物的总结,从中发现一般性的规律和原则。在运用演绎方法时,需要首先回顾过去的理论,从中发现不足之处。而运用归纳法则从大量的事实和数据中获取理论。

通过理论架构帮助厘清定义、理论、模型以及研究方法,在解释理论架构的过程中阐述自己的观点。之后再开展量化,这样后文所做的实证及讨论都离不开理论架构。本质而言,理论架构即"研究问题"+"研究此问题的理由和方法"两项要素。

四、毕业论文的数据资料收集

在确定了研究的理论框架之后就需要着手进行数据和相关资料的收集工作。有些学生在准备毕业论文时已经有了比较好的选题,但是由于缺少相关的数据,这样的论文在论述观点时就会缺少说服力。数据和相关资料是毕业论文的物质基础,如果把毕业论文比作盖房子的话,数据和资料就是钢筋和水泥。没有或者缺少相关数据资料,毕业论文就只能是空中楼阁。

(一)获取数据资料的原则

1. 新颖性原则

在写作毕业论文材料时,要注意数据的新颖性,这是和毕业论文研究的创新性要求相一致的。如果材料都是陈旧的,就不能反映新问题,也不能提出新思想。比如在论述我国的经济环境时,需要利用 GDP 增长速度的数据,此时应该选取最近 5~8 年的数据,而不能选取 2010 年之前的经济数据。只有使用最新的数据才能说明最新的情况,说明最新的问题。

2. 典型性原则

典型性原则就是选择的数据和材料应该是能够反映客观事物本质和共性的材料。客观事物是复杂的和多方面的,不能用某一方面的材料来说明整体。比如在说明经济环境时用 GDP 增长速度就是一个可以反映经济发展本质的指标,而如果用进出口数据来衡量就不能完整地体现某国经济发展的整体状况。

3. 真实性和准确性原则

材料的真实和准确影响了毕业论文的质量,只有数据和相关材料真实,才能保证所得出的结论正确,能够对企业的管理实践产生借鉴作用。所以在对材料进行收集时,需要保证数据的准确性,必须仔细核对材料的出处,最好去材料的官方发布机构搜寻数据,不用别人转引的数据。如要收集我国最近几年人均可支配收入的变化,可以去国家统计局网站上进行查询。

(二)数据资料的主要分类

1. 第一手资料

第一手资料是来自作者直接通过调研、访谈和现实生活中获取的资料,也被称为直接资料。第一手资料是为了研究的目的而直接收集的资料,所以这些资料是直接为研究目的服务的,其真实性较强。对本科生来讲最常用的第一手资料的收集方式是问卷调查方式。比如为了验证评价如何影响消费者的选择,可以对消费者进行调研,了解消费者在购买前是否会参考评价,都参考哪些网上评价。

2. 二手资料

二手资料是作者通过图书馆相关数据库、购买网上数据库、其他社交或者网络途径获取的资料。二手资料本来是为别人的研究目的服务的,但是通过对这些资料的加工和整理可以满足论文研究的需要。二手资料虽然匹配度不高,但是如果二手资料是权威的部门发布,比如上市公司的年报或者专利数据,也有较高的质量。获取二手数据要求具备数据搜索和加工的能力,也要注重平时的积累。

(三)主要的数据资料来源

1. 上市公司数据

上市公司数据是管理学研究中重要的数据来源,尤其是战略和公司治理的研究领域中较多的文献是利用上市公司数据为理论提供支持的。可以通过4个渠道获取上市公司数据:年报、招股说明书、临时性公告、上市公司网站。

第一,年报。年报是上市公司根据证券交易委员会规定,必须提交股东并向社会公众公开的公司年度报告。上市公司年报是获取上市公司数据的主要途径。上市公司的年度报告中会公布财务和非财务信息两部分。财务信息包括从资产负债表、利润表、现金流量表中描述的收益、业绩增量变化情况,比如主营业务收入、毛利、主业利润、营业利润、净利润的增长率。非财务信息包括:公司对上年度经营情况的总结,体现了管理层对公司的重点发展领域的认识;公司的主营业务领域情况;公司的新产品开发和研发投入信息;公司的供应商和客户信息;公司承担社会责任的情况;公司对未来发展的展望;公司治理的情况,主要高管的个人信息;公司的员工情况等信息。年报数据的应用较为广泛,下面进行具体说明:

在进行公司战略分析或者商业模式分析等论文中,会大量用到上市公司的财务数据。主营业务利润率近几年的变化是反映公司经营状况的重要指标,也可以看出公司发展的趋势。资产负债率的变化是说明公司财务杠杆使用的重要指标,资产负债率太高说明企业的经营存在较大的风险,而资产负债率太低则表明企业可能缺少新的投资机会。另外通过公司财务数据和行业主要竞争对手的对比,可以体现公司的竞争力水平。非财务信息经过整理也可以用在公司管理的研究中,比如公司的员工情况、公司的技术工人的情况是影响企业创新的重要指标,公司的员工培训是形成人力资本专用性投资的主要渠道。另外,通过公司年报中文本信息的数据挖掘也可以获得比较多的有价值信息。

第二,招股说明书。上市招股说明书是上市公司为筹集资金发行股票而准备的文件。其主要内容包括:①公司状况:公司历史、性质、公司组织和人员状况、董事、经理、监察人和发起人名单。②公司经营计划:主要是资金的分配和收支及盈余的预算。③公司业务现状和预测:设备情况、生产经营品种、范围和方式、市场营销分析和预测。④专家对公司业务、技术和财务的审查意见。⑤股本和股票发行,股本形成、股权结构、最近几年净值的变化,股票市价的变动情况、股息分配情形,股票发行的起止日期,总额及每股金额、股票种类及其参股限额,股息分配办法,购买股份申请手续,公司股票包销或代销机构。⑥公司财务状况,注册资本,清产核算后的资产负债表和损益表,年底会计师报告。⑦公司近几年年度报告书。⑧附公司章程及有关规定。⑨附公司股东大会重要决议。⑩其他事项。

总的来看,招股说明书的信息比年报更为齐全,不仅能了解公司的股权结构、主营业务,而且能挖掘企业的上下游信息。但是美中不足的是,招股说明书的时效性非常差,很多数据资料参考价值很低,尤其是对于那些已经上市很多年的公司,由于行业环境的变化,公司主营业务已经进行了调整,招股说明书上的信息已经不能反映公司的生产经营实际。一般公司上市 1~3 年内,招股说明书还存在信息参考价值,但是时间久远的上市公司不推荐从中获取公司信息。

第三,临时性公告。它是指上市公司针对证券及其衍生品种交易价格产生较大影响、但是投资者尚未得知的重大事件及时披露,并说明事件的起因、目前的状态和可能产生的影响。一般是指调研纪要、对外投资、并购、大额订单、减持、增持、股权激励。值得注意的一点是每种公告对投资分析的角度都是不一样的。总的来说,调研纪要、大额订单等一般用于跟踪公司的最新经营情况,对外投资和并购一般用于反映公司的最新经营思路和战略方向,而减持、增持、股权激励一般用于反映公司管理者信心变化,增持通常都是管理者比较看好公司目前的发展状况、对股价是属于正面的影响力,而减持则相反。

第四,上市公司网站。除了上述公司内部的公布信息外,也可以通过公司内部的渠道获取公司的信息,比如公司的网站,多数上市公司都有自己的网站。通过公司网站可以查找公司的企业文化、战略愿景、重大事件等。另外新闻媒体也会报道上市公司的新闻。这些都是获取上市公司信息的重要渠道。

2. 艾瑞咨询数据

2002 年艾瑞咨询在上海正式成立,是一家专注于网络媒体、电子商务、网络游戏、无线增值等新经济领域,深入研究和了解消费者行为,并为网络行业客户及传统行业客户提供市场调查研究和咨询服务的专业研究机构。公司旨在通过优质的研究咨询服务及可量化的数据产品,帮助客户提高对中国新经济的认知水平、盈利能力和综合竞争力,并推动中国新经济行业的整体发展。可以通过艾瑞咨询数据获得的数据包括:第一,产业研究报告。艾瑞咨询利用自身专注于互联网经济近 20 年的核心优势,集合 200 多位专家团队的智慧,累计发布上千份行业报告,承载数百个咨询研究项目,这些研究报告内容有些是公开获取的。第二,行业方案。艾瑞研究体系自 2003 年开始研究中国互联网产业,已经累计出版超过 3 000 份互联网研究报告,涵盖互联网、移动互联网、电子商务、互联网金融、网络营销、网络服务等各个领域。第三,专业数据服务。基于近 20 年在互联网领域的研究和积累为客户提供基于情报+数据+服务的多元化大数据解决方案,涵盖市场竞争监测、消费者洞察、营销决策、企业精细化运营及数据共享等业务。

3. 中国工业企业数据库

中国工业企业数据库的统计是基于国家统计局进行的"规模以上工业统计报表统计"取得的资料整理而成。数据库的统计对象为规模以上工业法人企业,包括全部国有和年主营业务收入 500 万元及以上的非国有工业法人企业,与《中国统计年鉴》的工业部分和《中国工业统计年鉴》中的覆盖范围一致。区别是本数据库是企业层面的原始数据,而"年鉴"

是按不同维度得到的加总数据。数据库中企业共有 57 项指标参数，分布为：年度、法人单位、行政区别、省（自治区、直辖市）、地（区、市、州、盟）、县（区、市、旗）、乡（镇）、街（村）、门牌号、街道办事处、社区（居委会）、村委会、区号、电话号码、分机号、传真号码、邮政编码、电子邮箱、网址、行业代码、主营产品 1、主营产品 2、主营产品 3、等级注册类型、控股情况、隶属关系、开业（成立）时间—年、开业（成立）时间—月、营业状态、执行会计制度类别、机构类型、企业规模、应收账款净额、存货、产成品、流动资产合计、实收资本、所有者权益合计、产品销售收入、产品销售成本、产品销售税金及附加、其他业务收入、其他业务利润、产品销售费用、管理费用、税金、财务费用、利息支出、营业利润、投资收益、营业外收入、利润总额、应交所得税、本年应交增值税、工业总产值（现价、新规定）、新产品产值、工业销售产值（现价、新规定）、出口交货值、全部职工（从业人员平均人数）。

4. 专利数据

当要研究企业的创新绩效时，专利是最重要的测量指标。企业专利的查询可以通过国家知识产权局 SIPO 数据库检索得到，一般以企业名称作为专利申请人进行检索即可。但 SIPO 数据库中仅罗列了企业专利，并未提供对专利的进一步分析数据。当想要了解企业专利申请的技术类别分布时，可以通过佰腾等第三方检索机构进行专利查询。在采用专利数据时，需要注意专利的分类，区分发明专利、实用新型和外观设计。另外由于发明专利从申请到授权的时间较长，通常都超过一年，这也需要加以注意。

5. 中国私营企业调查数据

中国私营企业调查（Chinese Private Enterprise Survey，CPES）由来自中央统战部、全国工商联、国家市场监管总局、中国社会科学院、中国民营经济研究会的人员组成的"私营企业研究课题组"主持。调查自 1993 年开始，每两年进行一次。从 2015 年 9 月开始，相关部门已授权中国社会科学院私营企业主群体研究中心（中国社会科学院社会学所代管）面向海内外用户开放中国私营企业调查数据的使用。有意者可以通过本中心设定的程序申请使用这套珍贵的数据库。其他使用这套数据公开发表成果的学者也应遵守数据发布方的权利,完整、准确地引用数据来源。

该调查是在全国范围内按一定比例(0.05%左右,每次的比例略有差别)进行多阶段抽样。首先,确定需抽样的总数和各省、市、自治区抽样户数。其次,在各省、市、自治区内抽取计划单列市或省会城市、地级市和县级市各一个以及经济发展水平高、中、低的县各一个,共计6个市、县。第三,按城乡比例确定城、乡调查户数。第四,按城乡各自的行业分布确定各行业调查户数。第五,按等距原则抽取具体被调查户。虽然每次抽样调查的内容有所不同,但关于企业主和企业的基本情况均为固定调查项目,以确保数据的连续性和可比性。

"中国私营企业调查"是一项创业型的基础研究,是一项浩大工程。这些庞大数据的鲜明特点是:(1)个体层面数据丰富。大多数企业调查主要关心"企业层面"(firm-level)的数据,而关心"个人层面"(individual-level)的数据不多。本调查是国内关于私营企业的全国性调查中对于私营企业主个人特征,尤其是社会和政治特征的调查最为集中的一项。(2)历史价值珍贵。它运用全面、系统、翔实的调查数据,对私营经济与私营企业主阶层的成长过程做了记录,很多早期的数据在今天越发凸显出弥足珍贵的价值。用本调查的发起人之一张厚义研究员的话来说:"这些数据不能说是最好的,但它却是唯一的。"(3)得到广泛应用。这些数据不仅可以作为政策理论研究的参考资料,还可以作为中外读者研究、了解中国现阶段具体国情的一把钥匙。利用这套数据写作的文章发表在《中国社会科学》《社会学研究》《经济研究》《管理世界》、*Social Forces*、*China Journal*、*Journal of Contemporary China* 等一流的海内外学术期刊上。

6. 世界银行中国企业调查数据库

世界银行中国企业调查数据库由世界银行主导建立,是世界银行为了关注一个国家的商业环境变化及公司效率和效能特征而建立的数据库。主要针对一些国家的非农企业进行抽样调查,调查样本根据企业注册域名采用分层随机抽样的方法获取。目前开放数据年份:2002年、2003

年、2005年、2012年。以2012年的数据为例,调查涉及企业位于大连、北京、石家庄、郑州、深圳、成都等25个城市,涵盖中国东、中、西三大区域;调查对象为企业总经理、人力资源经理、会计师或者其他职员。调查涉及食品制造业、纺织业、服装业、基本金属制造业、电子工业、交通设备制造业等二十多个行业;调查内容包括企业基本信息、城市基础设施和公共服务、销售和供货、市场竞争程度、用地和行政许可、创新和技术、融资、政商关系、用工、商业环境及企业绩效等多个方面。

五、毕业论文的研究方法

为了验证理论需要选取适当的研究方法。随着学术的交融,工商管理领域大量借鉴了管理科学、心理学、社会学和信息管理领域的研究方法,所以在工商管理领域可以采用的研究方法有很多,下面仅简要地介绍一些常用的研究方法。

(一)问卷调查法

问卷调查法是以提问的方式搜集资料以确定各种事实间的联系或关系的方法。该方法是研究组织行为和消费中行为时常用的研究方法,在研究企业间关系和战略等其他领域时也有着广泛应用。问卷调查可以通过现场访谈或者通过电子邮件和社交媒体等方式发放问卷。问卷调查可以直接得到受访者对于研究主题的认识与态度,是一种效率和准确性较高的研究方法。

1. 问卷设计的前提

在进行问卷调查之前,必须要明确调查的目的是什么,问卷调查是为谁而服务的,也就是论文研究的主题是什么,理论基础和研究假设是什么。具体而言,需要了解问卷将涉及哪些变量,问卷中变量的关系是怎样的,问卷中所包含的变量是怎样的结构。清楚掌握之后才能够着手进行问卷的设计。

2. 问卷设计需要注意的问题

如果问卷设计不当就很难获取准确的数据,这就给后续的变量关系的验证带来了困难。在问卷设计时应该注意如下问题：避免使用被调查者费解的文字表述；避免使用双重语义的问题；避免使用诱导性的问题；避免使用答卷者必须依赖记忆才可以作答的问题；避免启动答卷者为满足社会期望值而答题的动机。

3. 问卷中的问题设计

在设计调查问卷的问题时，有几种方法。第一种是列举法，比如对于被调查者性别、收入等可以采用列举的方式让被调查者进行选择。第二种是排序法，如请列举出 5 个工作性质对您的重要程度，最重要的工作排序为 1……第三种是间隔法，可以用李克特量表来表示，如对于上述观点你是否同意分为"极不同意、不同意、中立、同意、极为同意"。

4. 问卷数据的收集

在发放问卷时需要充分考虑两方面的问题：一是如何才能选择具有充分代表性的样本？如果样本选择不当就不能得到准确的调查结果，比如在研究客户集中度与企业创新绩效研究中，需要调查企业的市场部门负责人或者研发部分负责人，而不能调查市场部门的普通员工，因为这些员工可能并不掌握客户的全面信息。二是在一项研究中，需要多大的样本才可以稳健地做出统计结论？如果调查问卷份数太少，则得出的结论就不准确，具体收集的问卷数量和研究的变量数以及具体的研究问题有关。

5. 问卷调查法存在的问题分析

第一，使用问卷调查无法严格区分变量之间的时间顺序，因此研究者常常不得不依赖自己的逻辑分析去界定变量间的因果关系，很难从操作层面做出判断。第二在问卷调查中，如果测量自变量、因变量、其他变量的数据都取自一个共同的数据来源——参与者的自我报告，共同方法变异的问题便产生了。第三，不管研究对象处于何种层次，问卷调查中数据都来自被调查者个人的态度和判断，而个人的回答不可避免会受到个人角色局限、归因偏差、自我修饰动机等因素的影响。此外还需要考虑受访者个人记忆衰退的影响。

(二)实验法

实验法是通过控制研究对象来发现与确认事物间的因果联系的一种科研方法。其主要特点是:第一,主动变革性。观察与调查都是在不干预研究对象的前提下去认识研究对象,发现其中的问题。而实验却要求主动操纵实验条件,人为地改变对象的存在方式、变化过程,使它服从于科学认识的需要。第二,控制性。科学实验要求根据研究的需要,借助各种方法技术,减少或消除各种可能影响科学的无关因素的干扰,在简化、纯化的状态下认识研究对象。第三,因果性。实验是发现、确认事物之间的因果关系的有效工具和必要途径。

1. 实验法的分类

根据对变量的控制程度以及实验设计的严格程度,可以将实验分为纯实验(experiment)与准实验(quasi-experiment and semi-experiment)。纯实验是指实验研究人员能够随机地把实验对象分派到实验组或控制组,也可以对实验误差来源加以控制,使得实验结果能够完全归因于自变量改变的实验。准实验是指实验研究人员无法随机分派实验对象到实验组或控制组,也不能完全控制实验误差来源的实验。由于管理问题的复杂性和难控制性以及传统实验的局限性,准实验在管理研究中越来越受到重视。

根据实验的实施场所不同,可以将实验分为实验室实验与实地实验。实验室实验是指在有专门设备的实验室中进行,并对实验的条件、控制以及实验设计都有严格规定的实验。实地实验是指在实际情境中进行的实验,也称现场实验。由于人们对管理研究结果的现实意义或外部效度越来越重视,因而管理研究中的实验越来越倾向于实地实验。实验室实验和实地实验的划分与纯实验和准实验的划分具有很大的一致性。

2. 实验法的基本过程

一个典型的实验研究包括两类试验小组:实验组(experiment group)和控制组(control group)。实验组是指在实验中接受实验处理的小组,来自该小组的观察结果将与那些未实验处理的控制组的观察结果相比较。控制组未接受实验处理,用以给实验组的观察结果提供一个比较的基准线,通过比较,实验处理的作用得到体现,那些只在实验组中发生的行为变化被看作是实验处理产生的作用。

(三)案例研究法

案例研究法一般会综合运用多种数据收集方法,如文档资料、访谈、问卷调查和实地观察,数据可以是定性的,也可以是定量的。工商管理领域的学者经常使用案例研究法来描述理论、检验理论、构建理论。案例研究法的基本过程包括:

1. 启动阶段

在案例启动阶段需要首先明确研究的问题,并对研究问题的边界进行清晰的划分,对核心概念进行确定,这将有助于研究的问题和方向。在这个阶段需要对研究的问题进行聚焦,只有当研究的问题清晰时,研究者才可以进行案例的选择和数据资料的收集等后续工作。

2. 选择案例

在确定了研究设计之后必须要考虑案例选择的问题。与调查问卷研究的抽样方式不同,在选择案例时,一般采用理论抽样的方式。理论抽样是根据理论而非统计概念进行抽样。例如,为了验证和延展理论,在选择案例时会选择典型和特殊的案例。如果是多案例研究可以采用的是选择一组相同或者相反的案例。

3. 研究工具和程序的设计

注重定量数据和定性数据的协调效应。定量数据有助于研究者发现不易于察觉的联系,定性数据有助于揭示定量数据背后的联系。在研究团队设计时最好有不同背景的研究者一起参加团队作战,比如说一个问一个记录,或者说一批做问卷,一批做访谈。

4. 进入现场

做好随时调整问卷的准备,包括调整问题和扩充问题等。此时可能会发现和最初设想不同的案例线索,此时不要为了证明自己的结论而忽视一些不支持的结论,因为这可能是新理论的关键内容,但是也需要注意问卷扩充的边界。

5. 数据分析

在数据分析阶段,需要将访谈的资料建立成文本资料,然后对这些文本资料进行编码归类,寻找数据间的关系,将数据资料和最初的研究假设进行匹配,最后对数据进行整合并建构理论。

6. 形成假设

通过数据分析,主题之间的关系逐渐明晰,接下来就可以形成研究假设。当对假设进行验证时,核心概念,如论文中的 X、f(X)、Y,这些核心概念要从对数据的多次分析、重复检验中获得。构念效度的保证需要多方(多主体、定性定量相结合、多来源、多方式)数据来源加以印证。

7. 与现有文献对话

在此阶段主要是将获得的研究结果与既有的理论或者概念进行比较,以促进理论或者概念的演化。如果与现有理论相矛盾,可以进一步寻找原因对理论进行修正或者寻找其他因素的调节效应。针对矛盾结果的深入剖析可以提升理论的清晰性。

(四)计量经济学方法

所谓回归分析法,是在掌握大量观察数据的基础上,利用数理统计方法建立因变量与自变量之间的回归关系函数表达式(称回归方程式),是通过数学模型的建立对管理变量进行解释和预测的方法。回归分析中,根据变量多少,可以分为一元或多元回归分析,当研究的因果关系只涉及因变量和一个自变量时,叫作一元回归分析;当研究的因果关系涉及因变量和两个或两个以上自变量时,叫作多元回归分析。

此外,回归分析中,又依据描述自变量与因变量之间因果关系的函数表达式是线性的还是非线性的,分为线性回归分析和非线性回归分析。通常线性回归分析法是最基本的分析方法,遇到非线性回归问题可以借助数学手段化为线性回归问题再处理。回归分析法是定量预测方法之一。它依据事物内部因素变化的因果关系来预测事物未来的发展趋势。由于它依据的是事物内部的发展规律,因此这种方法比较精确。工商管理专业的本科毕业论文写作中常用的是多元线性回归模型。

1. Linear Regression 线性回归

它是最为人熟知的建模技术之一。线性回归通常是人们在学习预测模型时首选的技术之一。在这种技术中，因变量是连续的，自变量可以是连续的也可以是离散的，回归线的性质是线性的。线性回归使用最佳的拟合直线（也就是回归线）在因变量(Y)和一个或多个自变量(X)之间建立一种关系。用一个方程式来表示它，即 $Y=a+bX+e$，其中 a 表示截距，b 表示直线的斜率，e 是误差项。这个方程可以根据给定的预测变量(s)来预测目标变量的值。

(1) 直线回归

如果回归分析中的残差服从正态分布（大样本时无需正态性），残差与自变量无趋势变化，则直线回归（单个自变量的线性回归称为简单回归），否则应作适当的变换，使其满足上述条件。

(2) 多元线性回归

因变量(Y)为连续型变量（即计量资料），自变量($X_1, X_2, \cdots, X_p$)可以为连续型变量、有序分类变量或二分类变量。如果回归分析中的残差服从正态分布（大样本时无需正态性），残差与自变量无趋势变化，可以作多重线性回归。

线性回归分析的假设：第一，残差的均值应该为 0。预测值与观测值之间的误差是由外部原因随机扰动引起的，与模型本身的性质没有关系。因此，残差的分布理当服从正态分布规律，具有 0 均值和等方差性质，即 $\varepsilon_i \sim WN(0,\sigma^2)$。也就是说残差是均值为 0、方差为常数的白噪声(white noise, WN)序列。第二，自变量之间应该是线性无关的。自变量之间是"正交"的，或者说是相互垂直、彼此线性无关的。

(3) 回归分析的 5 大常规检验

第一，相关系数检验。相关系数用于检验模型线性关系的拟合效果。第二，标准误差检验。标准误差用于判断模型的预测精度。第三，F 检验。F 检验用于判断自变量和因变量的线性关系是否成立。第四，T 检验。T 检验用于判断回归系数与 0 是否具有显著性差异。第五，DW 检验。DW 检验用于判断是否存在残差序列相关（判断模型的误差是否属于外界随机扰动）。

2. Logistic Regression 逻辑回归

当因变量的类型属于二元（1、0，真、假，是、否）变量时，我们就应该使用逻辑回归。逻辑回归是用来计算"事件＝Success"和"事件＝Failure"的概率。在逻辑回归中，Y 的值从 0 到 1，因此因变量是服从二项分布，我们需要选择一个对于这个分布最佳的连接函数。它就是 Logit 函数。在上述方程中，通过观测样本的极大似然估计值来选择参数，而不是最小化平方和误差（如在普通回归使用的）。逻辑回归广泛地应用于分类问题的回归分析中。

逻辑回归不要求自变量和因变量是线性关系。它可以处理各种类型的关系，因为它对预测的相对风险指数 OR 使用了一个非线性的 log 转换。为了避免过拟合和欠拟合，我们应该包括所有重要的变量。有一个很好的方法来确保这种情况，就是使用逐步筛选方法来估计逻辑回归。它需要大的样本量，因为在样本数量较少的情况下，极大似然估计的效果比普通的最小二乘法差。自变量不应该相互关联，即不具有多重共线性。然而，在分析和建模中，我们可以选择包含分类变量相互作用的影响。如果因变量的值是定序变量，则称它为序逻辑回归。如果因变量是多类的话，则称它为多元逻辑回归。

3. Stepwise Regression 逐步回归

在处理多个自变量时，我们可以使用这种形式的回归。在这种技术中，自变量的选择是在一个自动的过程中完成的，其中包括非人为操作。这一过程可以通过观察统计的值（如 R-square、t-stats 和 AIC 指标）来识别重要的变量。逐步回归通过同时添加、删除基于指定标准的协变量来拟合模型。下面列出了一些最常用的逐步回归方法：标准逐步回归法做两件事情，即增加和删除每个步骤所需的预测。向前选择法从模型中最显著的预测开始，然后为每一步添加变量。向后剔除法与模型的所有预测同时开始,然后在每一步消除最小显著性的变量。这种建模技术的目的是使用最少的预测变量数来最大化预测能力。这也是处理高维数据集的方法之一。

4. 岭回归

岭回归分析是一种专用于共线性数据分析的有偏估计回归方法,实质上是一种改良的最小二乘估计法,通过放弃最小二乘法的无偏性,以损失部分信息、降低精度为代价获得回归系数更为符合实际、更可靠的回归方法,对病态数据的耐受性远远强于最小二乘法。

要点:除常数项以外,这种回归的假设与最小二乘回归类似;它收缩了相关系数的值,但没有达到零,这表明它没有特征选择功能,这是一个正则化方法,并且使用的是 L2 正则化。

六、毕业论文的结论

结论部分是整个论文研究成果的总结,是作者对论文的研究主题,经过分析、推理、归纳等严密的逻辑思考和论证所得出的最终的结论。也就是说,结论应是对于整篇论文的结局,而非局部问题或分支问题的总结。结论部分除了对文章进行总结,还应该进行一定的升华。结论是从全篇论文的全部材料出发,经过推理、判断、归纳等逻辑分析过程而得到的新的学术总观念、总见解。

结论是论文主要成果的总结,客观反映了论文或研究成果的价值。论文结论与问题相呼应,同摘要一样可为读者检索文献提供依据。结论的内容不是对研究结果的简单重复,而是对研究结果更深入一步的认识。是对全文内容经过判断、归纳、推理等过程而得到的新的总观点。本科毕业论文的研究结论通常由三部分构成:研究结论、不足之处、后续研究或建议。

(一)对于论文整体内容的总结

本科毕业论文的结论是对于全文的总结。在这里应该对论文经过分析问题、解决问题一系列过程得到的研究结论进行创新性总结。说明通过本研究得出了哪些规律性的东西、对管理理论和企业实践的启示是什么,研究结论必须清楚地表明本论文的观点,本论文研究所得出的观点与以往文献所得出的观点和看法的区别是什么,本研究做了哪些改进,是证实还是否定了已有的研究,对实践有什么指导意义等。比如在客户集中度与企业创新绩效关系研究中,论文首先说明了研究的主要结论:"客户集中度对企业创新绩效的影响呈现 U 形非线性关系,在客户集中度处于较低水平时,客户集中度与企业创新绩效呈负相关关系,客户集中不利于企业创新绩效的提升;经过临界点之后,客户集中度与企业创新绩效呈正相关关系,客户集中能够推动企业创新绩效的增长。"接下来对论文的价值做了论述,"本论文的研究拓宽了大客户集中造成的经济后果的研究分析视角,并且为企业提升创新绩效指明了合理的大客户集中范围,为企业的业务拓展、科研创新、绩效提升提供了新的理论"。

(二)补充研究不足

研究不足是指本科论文写作者总结的在论文写作过程中存在的问题,也就是论文的局限性。局限性可以表现为研究假设的瑕疵,也可以是资料收集或者研究方法应用上存在的问题。通过研究不足的指出,为其他学者进一步的研究指明方向。如《客户集中度与企业创新绩效研究论文》的研究不足的总结:第一,关于数据的时限性不足。本文的设计、动笔时间大概是 2019 年末 2020 年初,本来应该可以接触、分析上市公司最新的 2019 年年度财务报表,但是受新型冠状病毒肺炎的防疫要求,企业各部门复工延迟,所以财务资讯更新速度滞后,未能用最新的数据进行分析。第二,并未区分所有制结构的影响。本文在研究制造业企业大客户集中对企业创新绩效的影响时,没有特别区分国有企业与非国有企业。因为国有企业在客户集中度、创新投入、企业绩效等方面受到的影响因素与非国有企业具有较大差异。

(三)研究展望

论文的研究方向指的是论文的写作者对自己完成论文过程的反思,

在研究的过程中可能因为各种问题,导致研究没有十分完善,于是有了一个新的思考。通常情况下,研究不足与研究建议基本是对应的,通过不足的指出,和自己的未来研究或者后续研究结合,不断完善。对于本科毕业论文而言,研究展望部分可以结合研究的不足之处而展开,也可以是对研究问题的进一步深化和细化。

七、参考文献

参考文献是毕业设计(论文)中引用文献出处的目录表,一律放在文后。书写格式按国家标准 GB7714-87 规定。参考文献按正文中出现的先后统一用阿拉伯数字进行自然编号,序码用方括号括起。且在正文引用处最后一个字的右上角,用方括号标明此序号(如×××[2],以便查找)。一篇论著在论文中多处被引用时,在参考文献目录表中只应出现一次,序号以第一次出现的位置为准。

(一)参考文献的分类

根据参考资料类型可分为专著[M]、会议论文集[C]、报纸文章[N]、期刊文章[J]、学位论文[D]、报告[R]、标准[S]、专利[P]、论文集中的析出文献[A]、杂志[G]。电子文献类型:数据库[DB]、计算机[CP]、电子公告[EB]。电子文献的载体类型:互联网[OL]、光盘[CD]、磁带[MT]、磁盘[DK]。

(二)常用的参考文献的范例

1. 专著、论文集、报告

[序号]主要责任者.文献题名[文献类型标识].出版地:出版者,出版年:起止页码(可选).

例如:[1]刘国钧,陈绍业.图书目录[M].北京:高等教育出版社,1957:15—18.

2. 期刊文章

[序号]主要责任者.文献题名[J].刊名,年,卷(期):起止页码.

例如：[1]何龄修. 读南明史[J]. 中国史研究,1998(3):167—173.

[2]OU J P,SOONG T T,et al. Recent advance in research on applications of passive energy dissipation systems[J]. Earthquack Eng,1997,38(3):358—361.

3. 论文集中的析出文献

[序号]析出文献主要责任者. 析出文献题名[A]. 原文献主要责任者(可选)原文献题名[C]. 出版地:出版者,出版年:起止页码.

例如：[7]钟文发. 非线性规划在可燃毒物配置中的应用[A]. 赵炜. 运筹学的理论与应用——中国运筹学会第五届大会论文集[C]. 西安:西安电子科技大学出版社,1996:468.

4. 学位论文

[序号]主要责任者. 文献题名[D]. 出版地:出版单位,出版年:起止页码(可选).

例如：[4]赵天书. 诺西肽分阶段补料分批发酵过程优化研究[D]. 沈阳:东北大学,2013.

5. 报纸文章

[序号]主要责任者. 文献题名[N]. 报纸名,出版日期(版次).

例如：[8]谢希德. 创造学习的新思路[N]. 人民日报,1998—12—25(10).

6. 电子文献

[文献类型. 载体类型标识]:[J/OL]网上期刊、[EB/OL]网上电子公告、[M/CD]光盘图书、[DB/OL]网上数据库、[DB/MT]磁带数据库。

[序号]主要责任者. 电子文献题名[电子文献及载体类型标识]. 电子文献的出版或获得地址,发表更新日期. 引用日期.

例如：[12]王明亮. 关于中国学术期刊标准化数据库系统工程的进展[EB/OL]. 1998—08—16. 1998—10—01.

[7]万锦. 中国大学学报文摘(1983—1993). 英文版[DB/CD]. 北京:中国大百科全书出版社,1996.

八、致谢部分

毕业论文的致谢部分出现在毕业论文的末尾,学生可以在此部分对指导教师给予的指导和帮助及其他任课教师和同学或者企业给予的帮助进行感谢。亦可以在致谢中对大学四年的生活进行简要回顾,对大学四年的收获进行总结。致谢部分可以包括如下内容:对指导教师的感谢、对数据资料调查整理者的感谢、对其他任课教师和对朝夕相处的同学的纪念和感谢、对论文的评阅老师和答辩老师的感谢、对家人和同事的感谢等。当然对于上述内容作者可以根据自己的实际情况进行安排,只需要对重点帮助过的对象进行致谢即可,致谢时,要以第一人称叙写。在致谢写作时应该情真意切,所表示的感谢应该是作者的真情流露。不能简单地给指导教师"戴高帽"或者复制其他同学的致谢。

第五节　毕业论文的修改

毕业论文在完成初稿之后,仅仅是万里长征完成了第一步,还需要在导师的指导下对论文内容进行认真而细致的修改。多数学生由于不熟悉论文语言、结论和逻辑思路,所写的论文仅仅是半成品,必须经过多次的修改打磨,才能成为检验合格获准出厂的产品。一篇高质量的论文需要在观点、结构、语言、格式等方面都无可挑剔,论文的完善是通过不断地修改实现的。具体而言,毕业论文的修改体现在如下几个方面:

一、核心观点的修改

核心观点是论文的重心所在,因此在修改论文时首先需要检查核心观点是否正确。核心观点的建立并非一蹴而就,是作者在进行理论分析、资料收集和数据处理的过程中逐渐明确的过程。所以在论文的写作过程中,作者可能会发现在论文题目构思阶段没想到的新问题、新思路、新方法,需要对原来的论点进行补充、完善和调整。如在《客户集中度对企业创新绩效研究》论文中,在选题和理论分析时,预计客户集中度和企业创新绩效是倒U形关系,但是实证研究的结果却发现,二者之间是U形关系,并且经过多次验证和模型的调整都重复验证了U形非线性关系,这就需要对原有的论点进行修正。如果发现变量之间的关系受第三方的影响,也可以对论点进行补充和修正。如在《客户集中度对企业创新绩效研究》论文中,发现客户合作关系的长短会影响客户集中度与企业创新绩效之间的关系,此时可以对原有的论点进行修正。

二、修改材料

主要指对论文引用的材料增加、删节或调整;材料是文章中的"血肉",它是证明观点的论据,是论点成立的依托。论文的材料是论点成立的基础,修改时需要保证论点和材料的统一。选用材料的基本要求是:一是必要,即选用说明观点的材料;本科生在运用材料时常犯的错误就是堆砌材料,对好不容易得到的数据资料一股脑地放在论文中而不考虑是否恰当。二是真实,即所用的材料必须符合实际,尤其是对于文献和数据必须查找其原始出处进行核对。三是合适,即材料引用要恰当,不多不少,恰到好处。在修改论文时,要看引用的材料是否确凿有力、是否有出处、是否能相互配合说明论点、是否发挥了论证的力量、是否合乎逻辑、是否具有说服力。要把不足的材料补足,要把空泛的、陈旧的、平淡的材料加以调换,不实的材料和与主题无关的材料要坚决删除。

修改材料一般分两步进行:

(1)查核校正,即先不考虑观点、结构、语言,只查核材料本身是否真实、可信、准确,包括对初稿中的定律、论断、数据、典型材料、引文出处等进行核对,发现疑点和前后矛盾的地方,一定要搞清楚、弄明白,如果引用了经典理论,如有条件最好核对原文,把一切失误、失实和有出入的材料给予删除或改写准确,保证论文建立在坚实可靠的基础之上。比如明兹伯格提出的管理者角色理论为大家所熟知,但是对于具体的10类角色的不同内涵,国内管理学的书籍上的论述多有参差,此时就需要阅读明兹伯格的《管理者工作的本质》这本书去查证各角色的真正含义。

（2）根据论证中心论点和各分论点的要求，对材料进行增、删、调。对于缺少材料或材料单薄、不足以说明论点的，就要增补有代表性、典型性的新材料，使论据更加充实，使论证变得更充分有力。比如对微观经济环境进行说明时，需要用图或者表的形式列举近几年消费者可支配收入的变化情况，这样就是对微观经济环境的最直接说明。对材料杂乱、重复，或材料与观点不一致的，则要删减，以突出观点，不能以材料多而取胜，应以适度为佳。对于陈旧、一般化的材料，则要进行调换，换上更合适的材料，如2020届在写作毕业论文时，所引用的数据最好包含2019年的，如果涉及数据未及时公布的可以选用2018年的。

三、修改结构

结构是论文表现形式的重要因素，是论文内容的组织安排。结构的好坏，直接关系着论文内容的表达效果。结构的调整和校正，关系着全文的布局和安排。调整结构，要求理顺思想，检查论文中心是否突出，层次是否清楚，段落划分是否合适，开头、结尾、过渡照应如何，全文是否构成一个完整的严密的整体。调整的原则和要求，是要有利于突出中心论点，服务于中心论点。对于结构的修改可以从三个方面入手。

（1）层次是否清楚，思路是否通畅。对于结构的逻辑关系可以从目录入手进行检查。一般而言，毕业论文应该先提出问题，再利用理论进行问题的分析、利用数据进行理论的验证，最后是解决问题。如果内容的安排与上述框架不一致，论文读起来就不顺畅，给人以杂乱无章的感觉。需要按照逻辑关系对论文的结构进行重新布局和安排。比如在进行营销策略研究中，在进行市场营销策略安排之前，必须进行市场细分和市场定位工作，否则市场营销策略就会缺少方向，二者之间的逻辑顺序是不能颠倒的。对杂乱无章的阐述要梳理通顺，删去重复和矛盾的地方，补上缺少的部分，达到全文意思连贯通畅。

（2）结构是否完整。在进行结构检查时也要检查论文的结构是否完整,如果某一部分有缺失需要及时补全。一篇论文要有绪论、本论、结论三大部分,协调一致,即要有引人入胜的开头,有材料翔实的论证,有鲜明有力的结尾。有的同学的论文缺少了结论部分,这就影响了论文的完整性,需要加以完善。同时还要审视各个部分的主次、详略是否得当,本科生论文常会在主次安排上失衡。如有同学研究了"某公司的市场营销策略",论文在环境分析上浓墨重彩,但到了市场营销策略 4P 上却内容很少,此时就需要对营销策略部分内容进行充实。

(3)结构是否严密。一篇论文必须有论点与论据,大论点与小论点之间有严密的逻辑性。如果论文结构松散,要加以紧缩,删去那些多余的材料,删去添枝加叶、离题太远或无关紧要的句段。为使结构严谨和谐,对全文各部分的过渡和照应、结构的衔接、语气的连贯等方面,也要认真地考虑和修改。

四、修改语言和标点

语言是表达思想的工具,要使论文写得准确、简洁、生动,就不能不在语言运用上反复推敲修改。进行语言的修改需要字斟句酌、千锤百炼,这样文字才能和论文的观点相得益彰。如果语言晦涩、错字连篇,读者和评阅老师会对阅读论文失去信心,直接影响对论文的最终评价。文字的细节决定了论文的成败。

(1)要尽可能利用准确、生动、简洁的语言,对生造词语、词类误用、词义混乱等用词不当、词不达意的毛病要坚决改掉,坚决消灭错别字和不规范的简化字、自造词。鲁迅说他自己写文章"不生造除自己之外,谁也不懂的形容词之类","只有自己懂得或连自己也不懂的生造出来的字句,是不大用的"。这样一种严肃认真、一丝不苟的精神,是值得我们认真学习的。

(2)对结构残缺、结构混乱、搭配不当等不合语法的句子,要注意改正,使之合乎语言规范。杜甫说:"为人性僻耽佳句,语不惊人死不休。"唐代作家皮日休说:"百炼成字,千炼成句。"字句要好,就必须反复锤炼、反复琢磨修改。

（3）要注意句子之间的逻辑联系，力求上下贯通，语气一致，通顺流畅。不少同学由于缺少专业的学术训练，在论文写作时，不注意语言之间的承转和衔接。语言之间的连接较为生硬，给人的感觉就是天上一句，地下一句，不利于读者的阅读。

（4）检查标点、规范书写。标点符号是文章的构成要素之一，是文章的有机组成部分，用得恰当，能够准确地表达内容。如果标点符号使用不当，就会影响内容的表达，甚至产生歧义。很多同学只会使用逗号，而不会用分号，还有的同学喜欢用长句，一句话有上百字，也不进行断句，让读者看得非常痛苦。所以，检查标点符号，主要是看标点符号的用法是否正确，以及调整点错位置的标点符号。

第六节　毕业论文答辩

一、毕业论文答辩的含义及特点

毕业论文答辩是答辩委员会成员（以下简称答辩老师）和撰写毕业论文的学生面对面的，由答辩老师就论文提出有关问题，让学生当面回答。它有"问"有"答"，还可以有"辩"。答辩是辩论的一种形式，辩论按进行形式不同，分为竞赛式辩论、对话式辩论和问答式辩论。答辩就是问答式辩论的简称。与竞赛式辩论相比，论文答辩有以下几个特点：

（1）答辩具有明显的不平等性。首先，人数不对等。毕业论文答辩组成的双方人数是不平等的，参加答辩会的一方是撰写论文的作者，只有一个人。另一方是由教师或有关专家组成的答辩小组或答辩委员会，人数有3人或3人以上。一般来说，答辩小组或答辩委员会始终是处在主动的、审查的地位上，而论文作者则始终处在被动的、被审查的地位上，并且双方的知识、阅历、资历、经验等方面都相差悬殊。

（2）答辩委员会具有双重身份。竞赛式辩论除了参加辩论的双方外，还设有专门的裁判,即有个"第三者"对辩论双方的高下是非做出评判。而论文答辩虽然也要做出评判,但它不是由特设的裁判员来评判,而是由参加答辩会的一方即答辩小组或答辩委员会对另一方即论文作者的论文和答辩情况做出评价。可见在毕业论文答辩会上,答辩老师是具有双重身份的:既是辩论员,又是裁判员。

(3)毕业论文作者的答辩准备范围广泛。为了顺利通过答辩,毕业论文作者在答辩前先要做好充分准备。然而在毕业论文答辩时,题目是由答辩组的老师提供的,并且根据答辩要求答辩组老师提出的问题应该不少于三个,并且这些题目是提前保密的。而在普通的辩论中通常双方都了解辩论题目,或者辩论的题目对双方都是保密的。答辩老师提出问题后,一般有两种情况:一种情况是让学员即论文作者独立准备一段时间(一般是半小时以内)后再当场回答;另一种情况是不给学员准备时间,答辩老师提出问题后,学员就要当即做出回答。因此,虽然在举行论文答辩会以前,学生也会就答辩进行有针对性的准备工作,但学生并不了解具体的议题,只能依据自己对论文的理解和掌握进行准备。

(4)表达方式以问答为主、以辩论为辅。论文答辩一般是以问答的形式进行,由答辩委员会成员提出问题,论文作者做出回答。在一问一答的过程中,有时也会出现作者与答辩委员会成员的观点相左的情况,这时也会而且也应该辩论。但从总体上说,论文答辩是以问答的形式为主,以不同观点的辩论为辅。

二、毕业论文答辩的目的

毕业论文答辩的目的,对于组织者(即校方)和答辩者(即毕业论文作者)来说是不同的。校方组织毕业论文答辩的目的简单说是为了进一步审查论文,即进一步考查和验证毕业论文作者对所著论文论述到的论题的认识程度和当场论证论题的能力;进一步考察毕业论文作者对专业知识掌握的深度和广度;审查毕业论文是否由学员自己独立完成等情况。

第一,考查和验证毕业论文作者对所著论文的认识程度和当场论证论题的能力。虽然答辩组教师已经提前拿到并阅读了学生的论文，对学生的研究问题是否有价值、论证是否合理、方法是否得当等问题有了大致的认识。但是书不尽言，言不尽意，很多内容在论文中不能得到完整的体现，比如学生进行思考的过程中，论文只呈现了作者对这一问题论证的最终结果，但在写作这一论文的过程中，作者如何发现问题，是否走过弯路，这些都可以在答辩的互动中得到体现。有些问题没有充分展开细说，有的可能是限于全局结构不便展开，有的可能是受篇幅所限不能展开，有的可能是作者认为这个问题不重要或者以为没有必要展开详细说明；有的很可能是作者深入不下去或者说不清楚而故意回避了的薄弱环节，有的还可能是作者自己根本就没有认识到的不足之处，等等。通过对这些问题的提问和答辩就可以进一步弄清作者是由于哪种情况而没有展开深入分析的，从而了解学员对自己所写的论文的认识程度、理解深度和当场论证论题的能力。

第二，考查学生对专业知识掌握的深度和广度。通过论文，虽然也可以看出学员已掌握知识面的深度和广度，但是撰写毕业论文的主要目的不是考查学员掌握知识的深广度，而是考查学员综合运用所学知识独立地分析问题和解决问题的能力，培养和锻炼进行科学研究的能力。学员在写作论文中所运用的知识有的已确实掌握，能融会贯通地运用；有的可能是一知半解，并没有转化为自己的知识；还有的可能是从别人的文章中生搬硬套过来，其基本含义都没搞清楚。在答辩会上，答辩小组成员把论文中阐述不清楚、不详细、不完备、不确切、不完善之处提出来，让作者当场做出回答，从而就可以检查出作者对所论述的问题是否有深厚广博的知识基础、创造性见解和充分扎实的理由。

第三，审查毕业论文是否由学生独立完成，即检验毕业论文的真实性。撰写毕业论文，要求学员在教师的指导下独立完成，但它不像考试、考查那样，在老师严格监视下完成，而是在一个较长的时期（一般为一个学期）内完成，难免有学生准备投机取巧、走捷径，通过网上下载、复制粘贴、甚至他人代为捉刀。指导教师固然要严格把关，但由于指导教师要指导多个学员不同题目、不同范围的论文,对作假舞弊很难做到没有疏漏。而答辩小组或答辩委员会由三名以上教师组成,鉴别论文真假的能力就更强些,而且在答辩会上还可通过提问与答辩来暴露作弊者,从而保证毕业论文的质量。

对于答辩者(毕业论文作者)来说,答辩的目的是通过,顺利毕业。学员要顺利通过毕业论文答辩,就必须了解上述学校组织毕业论文答辩的目的,然后有针对性地做好准备,继续对论文中的有关问题做进一步的推敲和研究,把论文中提到的基本资料搞准确,把有关的基本理论和文章的基本观点彻底弄懂弄通。

三、毕业论文答辩的意义

答辩虽然是本科生教学计划的程序性环节,是获取毕业证书和学位的必然过程,但学生也不应该仅仅以通过为最终目标,应该充分理解设立毕业论文答辩的初衷,认识到毕业论文的写作对能力的提升作用。如果把毕业论文答辩看作一道关卡,一次考试,学生就难免态度消极、应付了事。只有充分认识毕业论文答辩具有多方面的意义,才会以积极的姿态,满腔热忱地投入到毕业论文答辩的准备工作中去,满怀信心地出现在答辩会上,以最佳的心境和状态参与答辩,充分发挥自己的才能和水平。

第一,毕业论文答辩可以锻炼学生的高度概括能力。为了参加答辩,学员在答辩前就要积极准备,对自己所写文章的所有部分,尤其是本论部分和结论部分做进一步的推敲,仔细审查文章对基本观点的论证是否充分,有无疑点、谬误、片面或模糊不清的地方。如果发现有问题,就要继续收集与此有关的各种资料,做好弥补和解说的准备。毕业论文答辩的时间较短,通常为10分钟左右,而学生为了毕业论文的写作已经努力了1个学期甚至更多的时间,如何将长时间的工作在很短的时间内讲清楚,是一项很重要的能力。这就如同读书,先把书读厚,再把书读薄。如果能用最精炼的语言表达自己的核心工作,表明自己对论文的认识又达到了新的高度。

第二，毕业论文答辩就是积累知识、增长知识的过程。在答辩前，学生需要认真检查自己的论文，进行准备，这是一个重要的学习机会。在答辩中，答辩小组成员也会就论文中的某些问题阐述自己的观点，或者提供有价值的信息。这样，学员又可以从答辩教师中获得新的知识。当然，如果学员的论文有独创性见解或在答辩中提供最新的新鲜材料，也会使答辩老师得到启迪。这正如一位外国学者所说的："如果我们彼此交换想法，本来各自只有一个想法，而现在大家都有几个想法，因此一加一就等于四了。"

第三，毕业论文答辩可以锻炼学生的表达能力。表达能力是一项重要的能力，尤其是工商管理专业的毕业生，很多是面向管理岗位，在管理岗位上就需要和上司和同事进行大量的沟通工作，如何对自己的工作进行总结，这种表达能力的培养就非常关键。在社会交往中沟通能力也是一项重要素质。一个人如果掌握了高超的辩论技巧，具有雄辩的口才，他在事业上、在人际交往中就会如鱼得水。正因为如此，自古以来那些胸怀大志的人，都非常重视辩论素质的训练和培养，把拥有精湛的辩论艺术视为其事业成功的得力臂膀。在学校擅长交际、善言能辩的学生要比一个成绩优秀但性格孤僻内向的学生被聘用的机会多，在社会上成就事业的可能性更大，通过答辩中对语言的组织，对节奏的把握，为学生将来在面试和工作中面临类似的情景时奠定基础，消除恐惧和不适。毕业论文答辩是学生表达能力培养的宝贵机会。

第四，毕业论文答辩是大学生们向答辩小组成员和有关专家学习、请求指导的好机会。毕业论文尤其是学位论文答辩委员会，一般是由较丰富的实践经验和较高专业水平的教师和专家组成，他们在答辩会上提出的问题一般是本论文中涉及的本学科学术问题范围内带有基本性质的重要问题，是论文作者应具备的基础知识，却又是论文中没有阐述周全、论述清楚、分析详尽的问题，也就是文章中的薄弱环节和作者没有认识到的不足之处。通过提问和指点，就可以了解自己撰写毕业论文中存在的问题，为今后研究其他问题提供参考。对于自己还没有搞清楚的问题，还可以直接请求指点。总之,答辩会上提出的问题,不论作者是否能当场做出正确、系统的回答,都是对作者一次很好的帮助和指导。

毕业论文答辩虽然以回答问题为主,但答辩,除了"答"以外,也会有"辩"。因此,论文答辩并不等于宣读论文,而是要抓住自己论文的要点予以概括性的、简明扼要的、生动的说明,对答辩小组成员的提问做出全面正确的回答,当自己的观点与主答辩老师观点相左时,既要尊重答辩老师,又要让答辩老师接受自己的观点,要学会运用各类辩论的技巧。如果在论文答辩中学习运用论辩技巧获得成功,就会提高自己参与各类辩论的自信心,就会把它运用到寻找职业或工作的实践中去,并取得成功。

四、毕业论文答辩准备

毕业论文答辩是一种有组织、有准备、有计划、有鉴定的比较正规的审查论文的重要形式。为了搞好毕业论文答辩,在举行答辩会前,校方、答辩委员会、答辩者(撰写毕业论文的作者)三方都要做好充分的准备。

(一)校方要做的准备工作

答辩前的准备,对于校方来说,主要是做好答辩前的组织工作。这些组织工作主要有:审定学员参加毕业论文答辩的资格,组织答辩委员会,拟订毕业论文成绩标准,布置答辩会场等。

1. 审查学生参加毕业论文答辩的资格

参加毕业论文答辩的学生,要具备一定的条件。这些条件是:

第一,必须是已修完上海理工大学学校规定的全部课程的应届毕业生和符合有关规定并经过校方批准同意的上一届学生。

第二,学生需要在答辩前提交毕业论文进行查重,并且重复率符合学校要求或者修改后重复率符合需要要求。通过系、学院和学校组织的毕业论文盲审方可参加答辩。

第三,学员所写的毕业论文必须经过导师指导,并有指导老师签署同意参加答辩的意见。

以上三个条件必须同时具备,缺一不可,只有同时具备了上述三个条件的大学生,才有资格参加毕业论文答辩。

2. 组织答辩委员会或答辩小组

毕业论文的答辩,必须成立答辩委员会或答辩小组。答辩委员会是审查和公正评价毕业论文、评定毕业论文成绩的重要组织保证。

答辩委员会由学校和学校委托下属有关部门统一组织。答辩委员会一般由3~5人组成,其中应有两人或两人以上具有高级或中级职称,从中确定一位学术水平较高的委员为主任委员,负责答辩委员会会议的召集工作。

3. 拟订毕业论文成绩标准

毕业论文答辩以后,答辩委员会要根据毕业论文以及作者的答辩情况,评定论文成绩。为了使评分宽严适度,大体平衡,学校应事先制定一个共同遵循的评分原则或评分标准。毕业论文的成绩,一般分为优秀(90~100分)、良好(80~89分)、中等(70~79分)、及格(60~69分)、不及格(60分以下)五个档次。

4. 布置答辩会场

为了保证毕业论文答辩的顺利进行,需要提交进行毕业论文答辩的场地布置工作。提前进行答辩教室的安排、教室内设备的调试,为毕业论文答辩创造良好的环境。

(二)答辩委员会成员的准备

答辩委员会成员确定以后,一般要在答辩会举行前3~5天把要答辩的论文分送到答辩委员会成员手里,答辩委员会成员接到论文后,就要认真仔细地审读每一篇要进行答辩的论文,找出论文中论述不清楚、不详细、不确切、不周全之处以及自相矛盾和有值得探讨之处,并拟订在论文答辩会上需要论文作者回答或进一步阐述的问题。

在答辩时,答辩老师会提出多少问题,提些什么问题?这是每一个需要参加答辩的学员都十分关心的问题,同时这又是一个十分复杂、很难把握的问题。一方面,每一篇论文各有自己的内容、形式、特点和不足。论文的内容不同,答辩老师提出的问题也就必然是千差万别的。另一方面。即使是同一篇论文,不同的答辩老师所要提问的重点也会有所不同。但总体而言,答辩老师所提出的问题是存在严格范围的,即答辩老师在论文答辩会上所提出的问题仅仅是论文所涉及的学术范围之内的问题,一般不会也不能提出与论文内容毫无关系的问题,这是答辩老师拟题的大范围。在这个大范围内,主答辩老师一般是在探测能力、弥补不足两个方面展开。(1)探测水平题,这是指与毕业论文主要内容相关的,主要考查学生是否掌握了相关的基础知识。学生在论文写作过程中是不是阅读了经典理论原著,是否对相关的基本概念搞懂弄通了。主要是论文中涉及的基本概念、基本理论以及运用基本原理等方面的问题。比如某同学以《××公司服务营销策略》为题目,可以通过对服务营销和产品营销的产品的提问,看学生是否掌握了服务营销的特征。(2)弥补不足题,这是指围绕毕业论文中存在的薄弱环节,如对论文中论述不清楚、不详细、不周全、不确切以及相互矛盾之处拟题提问,请作者在答辩中补充阐述或做出解释。比如某同学在研究人力资本管理模式与企业创新绩效的关系时,仅研究了人力资本管理模式与企业创新绩效两个变量,并未考虑影响企业创新绩效的其他因素。

(三)答辩者(论文作者)的准备

答辩前的准备,最重要的是答辩者的准备。学生的论文写作和答辩准备决定了毕业论文答辩最终的质量效果。所以学生在毕业论文答辩之前,需要进行精心的准备,具体而言,相关的准备工作有如下几方面:

首先,要写好毕业论文的简介,主要内容应包括论文的题目,指导教师姓名,选择该题目的动机,论文的主要论点、论据和写作体会以及本议题的理论意义和实践意义。

其次,要熟悉自己所写论文的全文,尤其是要熟悉主体部分和结论部分的内容,明确论文的基本观点和主论的基本依据;弄懂弄通论文中所使用的主要概念的确切含义,所运用的基本原理的主要内容;同时还要仔细审查、反复推敲文章中有无自相矛盾、谬误、片面或模糊不清的地方,等等。如发现有上述问题,就要做好充分准备——补充、修正、解说等。只要认真设防,堵死一切漏洞,这样在答辩过程中就可以做到心中有数、临阵不慌、沉着应战。

第三,要了解和掌握与自己所写论文相关联的知识和材料。如自己所研究的这个论题学术界的研究已经达到了什么程度?目前,存在着哪些争议?有几种代表性观点?各有哪些代表性著作和文章?自己倾向哪种观点及理由;重要引文的出处和版本;论证材料的来源渠道;等等。这些方面的知识和材料都要在答辩前做到有比较好的了解和掌握。

第四,论文还有哪些应该涉及或解决,但因力所不及而未能接触的问题,还有哪些在论文中未涉及或涉及很少,而研究过程中确已接触到了并有一定的见解,只是由于觉得与论文表述的中心关联不大而没有写入等。

第五,对于优秀论文的作者来说,还要搞清楚哪些观点是继承或借鉴了他人的研究成果,哪些是自己的创新观点,这些新观点、新见解是怎么形成的,等等。

对上述内容,作者在答辩前都要很好地准备,经过思考、整理,写成提纲,记在脑中,这样在答辩时就可以做到心中有数,从容作答。

五、毕业论文答辩的一般程序

(1)学员必须在论文答辩会举行之前一周,将经过指导老师审定并签署过意见的毕业论文一式三份交给答辩委员会,答辩委员会的主答辩老师在仔细研读毕业论文的基础上,拟出要提问的问题,然后举行答辩会。

(2)在答辩会上,先让学员用10分钟左右的时间概述论文的标题以及选择该论题的原因,较详细地介绍论文的主要论点、论据和写作体会。

(3)主答辩老师提问。主答辩老师一般提三个问题。老师提问完后,可以让学生独立准备15~20分钟后,再来当场回答,也可以要求学员当场立即做出回答(没有准备时间),随问随答。可以是对话式的,也可以是主答辩老师一次性提出三个问题,学生在听清楚记下来后,按顺序逐一做出回答。根据学生回答的具体情况,主答辩老师和其他答辩老师随时可以有适当的插问。

(4)学员逐一回答完所有问题后退场,答辩委员会集体根据论文质量和答辩情况,商定通过还是不通过,并拟定成绩和评语。

(5)召回学员,由主答辩老师当面向学员就论文和答辩过程中的情况加以小结,然后根据答辩中老师指出的问题,学生需要进一步地对论文进行修改和完善。修改好的论文再交给答辩组老师。

六、本科毕业论文的成绩评定

毕业论文经过审阅、评语、答辩三个环节之后,由指导教师、评阅教师结合学生的论文及综合表现分别写出评语并按百分制给出成绩。指导教师平时成绩占40%,评阅成绩占20%,答辩成绩占40%。以上三个评分均应以百分制计。

指导教师平时成绩的评价标准。论文指导教师主要根据两个方面给予学生计算平时成绩。第一,学生论文完成情况。主要是学生毕业论文的篇幅是否达到要求,学生是否都能运用经济学和管理学的理论和概念进行问题的分析,学生运用理论进行分析是否正确,论证的严密性,图表、参考文献是否齐全,有无独立见解等。第二,学生的工作态度情况。学生是否每周向导师汇报论文的工作进展,学生是否认真负责地对待毕业论文写作等。

评阅成绩的评价标准。毕业论文评阅教师主要是根据两个方面作为论文的评阅成绩。第一,论文内容情况。论文内容正确性、逻辑性、严密性等。论文的研究方案和结果是否都合理,论文研究步骤是否具有逻辑性,论文的数据来源是否正确,论文的研究方法是否得当,论文的内容是否具有一定创新性,论文是否有独立见解。第二,论文的撰写规范。论文是否符合上海理工大学本科毕业论文的撰写规范。主要是语言和问题表达是够流畅、是否存在较多错别字和病句,论文的图表是否符合要求,参考文献的引用是否符合要求。

论文答辩成绩标准。答辩小组在给予成绩时主要有两方面依据:其一,学生的自述情况。主要是学生答辩材料是否齐全,论文、立题卡、任务书、中期报告和答辩PPT等。学生是否能对论文主要内容进行简要的总结,作者论述的观点是否清晰正确,语言表达是否具备条理性、准确性。其二,回答问题情况。学生是否能准确领会答辩组老师所提出的问题,并且能正确、有针对性和全面的回答老师的问题。

对于毕业论文成绩的人数比例,一般"优秀"(90 分及以上)比例不超过专业总人数的 15%,"良好"(80～89 分)比例不超过专业总人数的 60%。凡评为"优秀"及"不及格"的毕业设计,应在工商管理系统一组织的大组答辩进行复审答辩。

七、毕业论文答辩中应注意的问题

学员要顺利通过答辩,并在答辩时真正发挥出自己的水平,除了在答辩前做好充分准备外,还需要了解和掌握答辩的要领和答辩的艺术。

(一)携带论文底稿和相关资料

学生在参加论文答辩时需要随身携带笔记本和笔等文具。当老师提问时,需要进行现场记录,在记录的过程中可以进一步理解老师问题的要义是什么,加深对问题的理解,为回答问题做好准备工作。当老师指出论文某处存在的不准确、不规范时,需要及时做好标记,以便回去认真对照修改。

(二)要有自信心,不要紧张

在做了充分准备的基础上,大可不必紧张,要有自信心。树立信心,消除紧张慌乱心理很重要,因为过度紧张会使本来可以回答出来的问题答不上来。只有充满自信,沉着冷静,才会在答辩时有良好的表现。而自信心主要来自事先的充分准备。

(三)听清问题后经过思考再作回答

答辩老师在提问题时,学生要集中注意力认真聆听,并将问题记在本子上,仔细推敲答辩老师所提问题的要害和本质是什么？切忌未弄清题意就匆忙作答。如果对所提问题没有听清楚,可以请提问老师再说一遍。如果对问题中有些概念不太理解,可以请提问老师做些解释,或者把自己对问题的理解说出来,并问清是不是这个意思,等得到肯定的答复后再作回答。只有这样,才有可能避免答非所问。

(四)回答问题要简明扼要,层次分明

在弄清楚了答辩老师所提问题的确切含义后,要在较短的时间内做出反应,要充满自信地以流畅的语言和肯定的语气把自己的想法讲述出来,不要犹犹豫豫。回答问题,一要抓住要害,简明扼要,不要东拉西扯,使人听后不得要领;二要力求客观、全面、辩证,留有余地,切忌把话说"死";三要条分缕析,层次分明。此外还要注意吐词清晰,声音适中,等等。

(五)知之为知之,不可强辩

有时答辩委员会的老师对答辩人所作的回答不太满意,还会进一步提出问题,以求了解论文作者是否切实搞清和掌握了这个问题。遇到这种情况,答辩人如果有把握讲清,就可以申明理由进行答辩;如果不太有把握,可以审慎地试着回答,能回答多少就回答多少,即使讲得不很确切也不要紧,只要是同问题有所关联,老师会引导和启发你切入正题;如果确实为自己没有搞清的问题,就应该实事求是地讲明自己对这个问题还没有搞清楚,表示今后一定认真研究这个问题,切不可不懂装懂,甚至强词夺理。

第七节 本科毕业论文的过程控制体系

一、毕业论文(设计)工作流程控制

为了全面提升毕业论文的质量,确保毕业论文各项工作的平稳运行,工商管理系制定了详细的毕业论文工作流程,明确了毕业论文工作的主要时间节点和需要完成的任务。下面以 2020 年为例,介绍工商管理系毕业论文的工作流程安排(见图 8—1)。

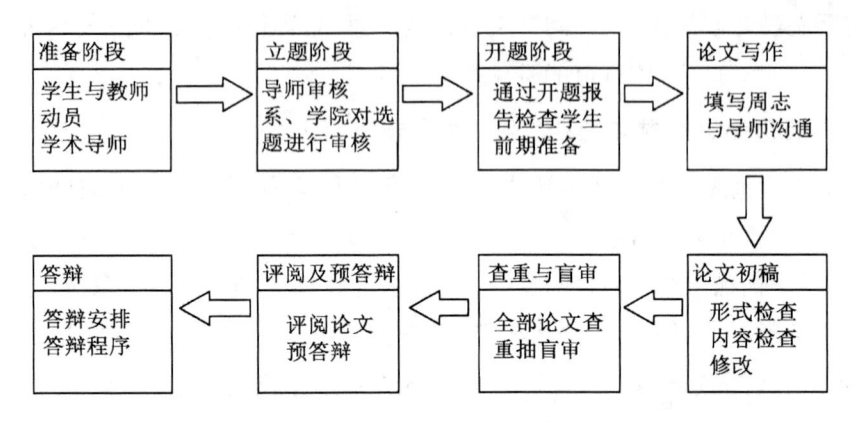

图 8—1　本科毕业论文流程

(一)毕业论文的准备阶段

时间:2019年12月。在这个阶段工商管理系会专门召开会议,动员学术能力强的骨干教师积极参与到毕业论文工作中来。工商管理专业2018级及之后的学生已经实行了学士导师制度,在大三上学期选定学术导师,提早参与导师的课题,为毕业论文工作夯实基础。

(二)毕业论文立题

时间:2020年1月4日—10日,通过导师和学生的协商,选定题目,填写立题卡和任务书。工商管理系和管理学院会专门对题目进行审核。

(三)毕业论文的开题报告撰写阶段

时间:2020年1月10日—2月17日。学生利用寒假时间完成毕业论文开题报告,并于开学后第一周上交指导教师。

(四)毕业论文周志记录。

时间:2020年2月17日—5月22日。在此期间学生进行论文写作,在毕业论文系统中填写周志,周志内容包括了本周的论文进展、遇到的问题和老师指导情况。要求:每周一次,务必每周填写,导师每周审核。

(五)毕业论文中期检查

时间:2020年3月20日—22日。在此阶段,工商管理系、管理学院、学校教务处进行毕业论文中期检查,学生准备论文文稿和中期检查PPT。其他学生填写中期检查表和中期检查报告。

(六)导师确认学生论文终稿

时间:2020年4月29日—30日,要求在这个日期前,学生应完成论文撰写,导师初步确定论文稿件。

(七)论文上传、查重

时间:2020年5月1日—7日,要求学生上传论文,导师系统确认,进行论文查重,系抽查论文盲审。

时间:2020年5月8日—10日,学校重复率检查、学校论文抽查盲审及答辩前论文评阅。

时间:2020年5月11日—15日,学校重复率检查、盲审,同期正常答辩学生,各答辩小组组织论文评阅。

(八)论文答辩

时间:2020年5月18日—5月22日,工商管理系安排毕业论文答辩工作。

二、毕业论文选题的质量控制

合适题目的选择决定了本科毕业论文的质量,工商管理系对选题的流程进行了重新设计。增加了对选题质量管控体系,以确保学生题目符合工商管理的学科范畴、具有研究价值、学生能够顺利完成。系建立由毕业论文指导教师、系毕业论文评议小组、系毕业论文审核小组构成的三级毕业论文选题质量管控、审核体系。

工商管理专业毕业论文选题流程:

(1)在学生与指导教师沟通的基础上,由指导教师指导学生选题。在这一阶段,学生可以根据自己的课程学习、社会实践、生活实践,结合指导教师的科研项目进行选题。

(2)系毕业论文评议小组对学生选题进行评议,对有问题的题目及时反馈给学生和指导教师,指导教师组织学生修正题目。

（3）系毕业论文评议小组将选题评议结果报系毕业论文审核小组审定,经系毕业论文审核小组审定通过,报学院。

三、开题报告

毕业论文开题报告是大学本科生在完成文献调研和资料收集的基础上,对毕业论文题目可行性和今后研究计划的论述性报告。开题报告中主要包括:论文题目是否具有研究价值,自己已有的研究条件以及今后准备如何开展研究。

（1）研究的背景,主要介绍题目研究的现实背景。题目研究的背景决定了选题的价值,研究背景可以和研究目的和意义进行综合考虑。

（2）研究的目的和意义,主要介绍为什么要研究这一课题,课题的研究会对管理理论和管理实践带来哪些启示。

（3）主要文献资料整理,主要对相关的文献和资料进行整理,文献的整理一方面为自己的研究奠定基础,另一方面也是说明研究的连续性。

（4）论文的主要内容,在这里可以分部分或者分章节介绍预期在论文中将要进行的主要内容。

（5）研究的方法和创新之处,论文准备采用什么方法进行研究,本研究所具有的创新之处是什么。

（6）参考文献,列出主要的参考文献,一般应包括近3～5年发表的文献,也应该包括一定数量的英文文献。

四、毕业论文中期检查

由于毕业论文的周期较长,学生面临升学、就业和出国各方面的任务,有必要开展毕业论文的中期检查。中期检查是毕业论文开展过程中的一个重要环节,主要目的是检查学生的论文进度是否按期进行,以便保证论文后续工作的顺利开展。通过对学生前期工作的检查,进一步督促学生后期进一步的研究工作,同时结合学生实际情况给学生提出一些建议和意见,确保毕业论文的顺利完成。

(一)中期检查的主要内容

教师的指导情况。导师是否按照要求给学生及时和必要的指导。根据工商管理系的毕业论文指导要求,毕业论文指导教师每周至少开展一次面对面的论文指导工作,了解学生毕业论文的工作进展,督促学生按时完成论文。由于学生实习和考研复试等情况,无法面对面指导的可以安排视频会议等方式进行指导。老师在指导学生时应该做好记录,学生也应该将指导情况以周志的形式填写在毕业论文系统中。

学生毕业论文的完成情况。包括学生的内容进展情况、工作质量和工作态度等。就内容而言,中期检查时内容应该完成超过总体工作量的一半以上,一般以超过 2/3 为佳。除了内容之外,工作质量和工作态度也是检查的重要内容。学生写作论文内容已过半,质量应该较好,论文核心内容或者已经基本完成或者应有清晰的思路。

目前存在的问题和解决措施。在论文的完成过程中,可能会遇到在开题时难以预料的事项,此时应该认真地思考影响论文完成的主要问题是什么,你的解决措施是什么。

(二)中期检查的开展方式

中期检查分为导师自我检查、工商管理系抽查、管理学院和学校抽查,实现了中期检查的全覆盖。

1. 导师自我检查

第一,导师对所指导学生论文进行中期检查,学生、导师填写相关表格,相关表格涉及时间填写只要在此时间范围内都可。

第二,任务书、中期检查表要用新版本填写,导师先自己保留,后期学院会收集纸质版,由学校统一扫描上传。

第三,中期报告在毕业论文(设计)系统下载电子版,按照提醒进行操作。

2. 系中期检查抽查

由工商管理系按照学号等进行抽查,导师指导学生完成相关表格的填写,学生准备毕业论文内容和汇报 PPT 等内容,按照系里规定的时间参加中期检查。

3. 学院、学校对论文进行中期检查抽查

管理学院和上海理工大学教务处也会分别组织毕业论文的中期检查工作,抽取部分学生检查其毕业论文的进展情况。

五、毕业论文(设计)的格式规范

论文的格式要求包括:纸张大小、纸张方向、页边距、板式、文档网格、字体与字号、段落和行距等。建议采用 Microsoft Word 的新版本编排论文。

由于论文格式问题非常繁杂,无法将所有设置描述清楚,只能对一些主要的设置做出扼要的说明。一个快捷有效的方法就是把本规范的电子版作为模板。

小贴士:论文写作完成后,将论文另存为 PDF 格式文件,这样打印出来的纸质版论文和电子版几乎相同。论文的格式是按双面打印要求的,所以在打印 PDF 格式文件时,也应双面打印。

(一)页面设置

纸张大小:A4。纸张方向:纵向。

(二)页边距

页边距:上 2.5 厘米,下 2.5 厘米,内侧 3 厘米,外侧 2.5 厘米。页码范围:对称页边距。

(三)版式

节:奇数页。页眉和页脚:奇偶页不同。距边界:页眉 1.5 厘米,页脚 1.75 厘米。

(四)字体

中文字体:宋体。西文字体:Times New Roman。字形:常规。字号:小四号。

(五)段落

对齐方式:两端对齐。首行缩进:2字符。行距:1.25倍行距。

(六)正文

一级标题(三号华文中宋和 Times New Roman 加粗,居中,段前 4 行,段后 2 行)。

二级标题(四号宋体和 Times New Roman 加粗,左对齐顶格,段前 1 行,段后 0.5 行)。

三级标题(小四号宋体和 Times New Roman 加粗,左对齐顶格,段前 0.5 行,段后 0 行)。

正文文字(小四号宋体和 Times New Roman,首行缩进 2 字符,1.25 倍行距)。

(七)参考文献

参考文献(三号华文中宋加粗,居中,段前 4 行,段后 2 行)。

参考文献序号用方括号括起。

参考文献序号和内容用五号宋体和 Times New Roman。

(八)致谢

致谢(三号华文中宋加粗,居中,段前 4 行,段后 2 行)。致谢文本(小四号宋体和 Times New Roman,首行缩进 2 字符,1.25 倍行距)。

六、毕业论文的查重与盲审

(一)毕业论文的查重

为了确保毕业论文的质量,杜绝问题论文,工商管理系已经对所有毕业生的论文进行查重。查重论文只含正文部分,去除封面、目录、参考文献、附录、致谢部分。学生统一发给指导教师,指导教师提交给系,系里汇总后由学院统一上交到教务处实践教学科。本科毕业设计(论文)查重检测结果处理办法：

(1)毕业设计(论文)复制比≤30%,可直接进行论文评阅、答辩工作。

(2)30%＜毕业设计(论文)复制比≤50%,毕业论文需进行修改,修改后的毕业设计(论文)由指导教师和学院毕业设计质量监控小组审核认可后方可进入论文答辩程序。

(3)50%＜毕业设计(论文)复制比≤70%,要求论文延缓答辩。

(4)毕业设计(论文)复制比＞70%,取消本次论文答辩资格。

提交检测的毕业设计(论文),学校将与其答辩后提交的最终版本论文进行比对,若两版本有较大不同(如:检测版本论文字数明显少于最终版本论文字数等),将对其进行重新检测,并将有关情况通知学院进行处理。

(二)毕业论文的盲审

工商管理系对学生毕业论文的盲审工作采用了系里抽查和学校抽查双重控制体制。系里组织的抽查由工商管理系选择校外和校内责任心强和业务能力突出的老师进行论文盲审工作。学校的论文盲审工作由教务处统一安排。论文盲审工作的时间安排基本和毕业论文查重重合,学生上交的是去除学生姓名、学号、导师等信息的完整毕业设计(论文)打印版。专家评审意见分为"同意答辩""修改后答辩"和"延缓答辩";专家意见为"延缓答辩"的毕业设计(论文),学院须组织由不少于三位副高级及以上教师组成的专家组(不含此论文指导教师),对毕业设计(论文)进行复审,并给出最终评审意见。

七、毕业论文的质量审核

毕业设计资料归档工作结束后,工商管理协会专门邀请校内专家对毕业论文的内容和资料完整性进行全方位的审核,以确保毕业论文的质量。

附录1　工商管理系毕业论文管理实施细则

工商系〔毕〕(2018)01号

为进一步加强和规范我系毕业设计(论文)(以下简称毕业论文)教学环节各项工作,提高我系本科毕业论文和人才培养质量,根据《上海理工大学全日制本科生毕业设计(论文)管理办法》(教务处[2017]12号)、上海理工大学管理学院"全日制本科生毕业设计(论文)管理实施细则",着眼学校、学院本科工作大局和我系本科工作实际,特制定本实施细则。

第一章　总　则

第一条　毕业论文是实现我系培养目标的重要教学环节,在培养我系大学生探求真理、强化社会意识、进行科学研究基本训练、提高综合实践能力与素质等方面,具有不可替代的作用;是我系创新教育,培养学生创新能力、实践能力和创业精神的重要体现;是我系"三实"教育,提升学生运用所学知识分析问题、解决问题能力的重要实践环节;也是我系学生毕业与学位资格认证的重要依据。

通过毕业论文的训练,使学生达到系统地巩固并扩大所学知识,创造性地运用所学知识解决本专业科学研究及社会实际问题,综合锻炼并提高学生的调查研究、搜集资料、查阅文献、使用现代工具、专业方法、设计、总结等能力,从而使学生获得比较全面的训练,增强学生毕业后的工作适应性。

第二条 毕业论文具有学术论文性质,应能表明作者在科学研究工作中取得的新成果或提出的新见解;毕业论文具有学术论文所共有的一般属性,应按照学术论文的格式写作;在毕业论文选题与写作中,要注重"新时代"下经济发展的需要,注意理论结合实际,充分体现专业人才培养目标的要求,要特别强调创新精神和科研能力的培养,既要遵循科学研究的一般规律,又要符合本科教学的基本要求。

第三条 本细则适用于我系下的所有本科专业:工商管理、工商管理(中美合作)、工商管理(创业班)、工商管理(二专业)、工商管理(二学位)等。

第二章 领导机构和职责

第四条 毕业论文工作实行系毕业论文审核小组、系毕业论文评议小组、指导教师三级管理原则对毕业论文工作的管理、指导、实施、检查、考核和总结。系毕业论文审核小组实行宏观管理,系毕业论文评议小组实行过程监督、考核、评议,指导教师是管理的主体。

第五条 系毕业论文审核小组和职责。

(一)建立系毕业论文审核小组,对毕业论文工作负责,进行宏观管理。

组长:系主任

成员:系党支部书记、教学系主任

(二)系毕业论文审核小组职责。

1. 贯彻落实校院对毕业论文管理工作的有关文件,制定和修订毕业论文管理工作中有关政策、条例和规章制度,对毕业论文实行宏观管理;

2. 负责组织对毕业论文工作中各环节的抽查与毕业论文工作的评估,将检查结果、建议和意见及时反馈给系毕业论文评议小组、相关指导教师;

3. 负责对系毕业论文评议小组各环节进行审定,将审定结果、建议和意见及时反馈给系毕业论文评议小组和学院相关部门;

4. 负责向学院推荐本专业优秀毕业论文;

5. 依据本条例及相关规章制度检查各指导教师毕业论文工作,总结经验,组织交流。

第六条 系毕业论文评议小组和职责。

(一)建立系毕业论文评议小组,对毕业论文工作实行过程监督、考核、评议。

组长:教学系主任

成员:毕业论文答辩小组组长

(二)系毕业论文评议小组职责。

1. 落实校、学院毕业论文工作的规定;

2. 组织培训初次指导毕业论文工作的教师;

3. 考核指导教师工作,监控毕业论文进度和质量;

4. 对学生毕业论文选题进行审核,对有问题的选题反馈给学生和指导教师,并将最终审核结果提交系毕业论文审核小组审定;

5. 组织并实施毕业论文过程中的抽查,包括中期检查系内抽查与答辩、预答辩、系内盲审等,并将抽查结果提交系毕业论文审核小组审定;

6. 制定答辩要求和评分标准;

7. 确定大组答辩和小组答辩时间;

8. 组建各答辩小组;

9. 组织并实施大组答辩;

10. 向系毕业论文审核小组推荐本专业优秀毕业论文;

11. 做好毕业论文工作总结,按规定汇总毕业论文文档资料。

第七条 系毕业论文答辩组及职责。

(一)建立系毕业论文答辩组,答辩组分大组和小组。

1. 系毕业论文答辩组大组

组长:教学系主任

成员：本年度参加本科毕业论文指导的全体指导教师

2. 系毕业论文答辩组小组

依据本年度参加毕业论文答辩学生人数及指导教师人数，建立3~5个由3名及以上单数指导教师组成的答辩小组；答辩小组组长由承担毕业论文指导工作的副高级及以上专业技术职称教师轮流担任。

（二）系毕业论文答辩组及答辩小组组长职责

1. 系毕业论文答辩组大组职责

依据系毕业论文评议小组的答辩要求和评分标准，开展大组答辩工作，实施对参加大组答辩学生毕业论文的评阅、答辩和成绩评定。

2. 系毕业论文答辩组小组职责

依据系毕业论文评议小组的答辩要求和评分标准，开展答辩工作，实施对毕业论文的评阅、答辩和成绩评定。

3. 系毕业论文答辩组小组组长职责

依据系毕业论文评议小组确定的答辩时间，组织并实施小组答辩；负责所在答辩小组相关工作；承担系毕业论文评议小组相应工作。

第三章　指导教师的职责

第八条　指导教师资格。

（一）担任指导工作的教师，应具有中级以上专业技术职称，并有本专业实践背景和经验，具有一定的科研能力。

（二）毕业设计（论文）教学工作实行指导教师负责制，每位指导教师对其指导的学生在整个毕业设计（论文）阶段的教学活动全面负责。每名教师指导毕业设计（论文）的学生人数不得超过7人。

第九条　指导教师职责

（一）学生毕业论文的立题卡、任务书、中期检查表、教师指导记录手册中，指导教师签名栏项下的文字内容均应由指导教师本人填写，不得由学生自行填写。

(二)任务书中的进度计划部分的内容填写,要对每个论文撰写阶段进行具体详细的描述。

(三)教师指导记录手册应根据学校要求,具体详细记录每一次教师指导学生毕业论文的全过程。

(四)学生毕业论文成绩评定表中的评语不得雷同,优、良、中、差对应的评语应有明显差别。

(五)指导教师应参加毕业论文大组答辩和相应小组答辩,确实因不可抗力或教学冲突等不能参加者,经所在答辩组组长同意,报请系毕业论文审核小组通过后,需自行委托专业相近且具有讲师及以上职称的专业教师参加。未经正常程序审批,擅自不参加大组答辩和相应小组答辩的,取消下年度本科毕业论文指导教师资格。

第四章 选 题

第十条 毕业论文选题要求。

(一)选题应与经济管理实践相结合,避免纯理论研究。

(二)选题应避免题目过大,难易应适度,学生在规定时间内经过努力能够完成任务书所拟定的工作要求。

(三)选题应做到一人一题,若需要有多个学生共同参与才能完成的课题,应明确各个学生独立完成的工作内容。

(四)同一题目最多用三届,并且每届都应有一定的改进。

(五)选题实行指导教师与学生双向选择,学生可以尽量参与教师的研究课题。

(六)选题一经确定,不得随意变更,如需修改毕业论文题目,需由指导教师向系毕业论文评议小组提出申请,并说明理由,经系毕业论文评议小组报备系毕业论文审核小组审定通过后,同时按要求提交"本科毕业论文题目变更表"报学院和教务处,获得批准后,方可变更;如在中期检查之后修改题目,且修改后的毕业论文内容与原题研究内容相差较大者,经学院和教务处批准后需办理毕业论文延缓答辩申请。

第十一条 毕业论文选题流程。

(一)对于毕业论文选题,系建立由毕业论文指导教师、系毕业论文评议小组、系毕业论文审核小组构成的三级毕业论文选题质量管控、审核体系。

(二)毕业论文选题流程。

1. 在学生与指导教师沟通的基础上,由指导教师指导学生选题。

2. 系毕业论文评议小组对学生选题进行评议,对有问题的题目及时反馈给学生和指导教师,指导教师组织学生修正题目。

3. 系毕业论文评议小组将选题评议结果报系毕业论文审核小组审定,经系毕业论文审核小组审定通过,报学院。

第五章 毕业论文中期检查

第十二条 指导教师自行组织中期检查。

一般在第 6~7 教学周指导教师应对学生的论文进展情况开展中期检查,检查的材料包括:(1)立题卡;(2)任务书;(3)中期报告;(4)中期检查表;(5)毕业论文教师指导记录手册;(6)毕业论文的阶段性文稿;(7)答辩 PPT 等。

第十三条 中期检查系内抽查。

系毕业论文评议小组于第 7~8 教学周开展毕业论文中期抽查,重点检查学生毕业论文的工作进度、教师指导情况、毕业论文材料的完备性以及学生毕业论文过程中存在的问题。

第六章 毕业论文评阅与答辩

第十四条 系内预答辩。

答辩前一周,系毕业论文评议小组抽取一定数量的毕业论文进行预答辩。重点抽查中期检查系内抽查不合格者。

第十五条 系内盲审。

答辩前一周,系毕业论文评议小组抽取一定数量的毕业论文进行盲审。重点抽查中期检查系内抽查不合格者。

第十六条 毕业论文评阅。

毕业论文的评阅由各答辩小组组织专人进行。毕业论文的评阅主要涉及学生毕业论文撰写规范,完成毕业论文任务书所规定的工作内容,学生掌握基础理论知识、基本技能情况,以及对学生创新能力等方面考察评价。

第十七条 毕业论文答辩。

(一)由系毕业论文评议小组组织并成立毕业论文答辩组,答辩组的任务是根据统一的答辩要求和评分标准,开展答辩工作,评定学生的毕业论文成绩。

(二)毕业论文如果达不到答辩要求或者有其他特殊情况,不能按时参加毕业论文答辩的学生,本人可在毕业论文答辩前两周,系内预答辩抽查和系内盲审抽查前,提出延期答辩申请,经学院和学校批准后,允许在下一学期开学后两周内参加系组织的二次答辩。

(三)毕业论文答辩成绩评定为不及格者,不可参加下一学期开学后两周内系组织的二次答辩,但可参加下一届学生毕业论文重修。

(四)系内盲审结果不满 60 分的,或评定为"不同意答辩"的,可参加下一届学生毕业论文重修,或个人提出申请,经指导教师同意,并经系毕业论文审核小组审定通过,可参加下一学期开学后两周内系组织的二次答辩。

(五)凡参加二次答辩的,需由本人指导教师在下一学期开学前一周将论文提交系毕业论文评议小组评定,评定通过,方可参加系组织的二次答辩;评定不通过者,不能参加系组织的二次答辩,但可参加下一届学生毕业论文重修。

(六)院、校组织的盲审,盲审结果不通过的,按院、校相关规定执行。

（七）有下列情形之一者，取消其毕业论文答辩资格：

1. 未经正常程序审批，擅自更改毕业论文题目者；

2. 学生无特殊原因，毕业论文缺勤三周及以上者；

3. 未按毕业论文任务书的要求完成毕业论文者；

4. 毕业论文重合度检测结果达到取消毕业论文答辩资格规定者（被取消毕业论文答辩资格的毕业论文成绩按零分记）。

（八）取消毕业论文答辩资格的，本人申请，经系毕业论文审核小组审定通过，并报院、校相关部门批准，可参加下一届学生毕业论文重修。

第十八条 毕业论文大组答辩。

（一）争优答辩。

1. 为鼓励学生争优，凡意向或有资格参评优秀本科毕业论文的同学，经本人指导教师同意并向系毕业论文评议小组推荐，经系毕业论文评议小组同意，可参加毕业论文大组答辩。

2. 凡大组答辩结果为优秀的毕业论文，经系毕业论文评议小组推荐、系毕业论文审核小组审定通过，可推荐为本专业优秀毕业论文。

3. 凡未参加毕业论文大组答辩的学生本年度其毕业论文不能评为优秀毕业论文。

（二）有下列情形之一者，需参加毕业论文大组答辩。

1. 未按指导教师要求进行论文写作的；

2. 毕业论文撰写过程中指导教师判定态度不端正的或可能存在学术不端的；

3. 预答辩结果为延期预答辩的，论文修改后，需参加毕业论文大组答辩，系里不再组织二次预答辩；

4. 盲审结果60分以上70分以下者，需参加毕业论文大组答辩。

第十九条 优秀毕业论文的评定标准。

（一）论文选题具有独创性，内容翔实，能综合运用所学的专业知识，以正确的观点提出问题，能进行精辟透彻的分析，并能紧密地结合我国经济形势及企业的实际情况，有一定的应用价值、独特的见解和鲜明的创新点；

（二）材料典型真实，既有定量分析，又有定性分析；

（三）论文结构严谨，文理通顺，层次清晰，语言精练，文笔流畅，图表正确、清晰，符合论文撰写规范；

（四）答辩中回答问题正确、全面，比较深刻，并有所发挥，语言表达清晰流畅。

第七章　毕业论文资料归档

第二十条　毕业论文资料归档。

毕业论文归档资料包括：学生毕业论文及光盘、立题卡、任务书、中期检查表、教师指导记录手册、成绩评定表及答辩记录等，与档案袋顺序统一，相关日期必须按照毕业论文进程时间节点填写。

第二十一条　本实施细则自公布之日起施行，由系毕业论文审核小组负责解释。

工商管理系
2018 年 3 月 1 日

附录 2　毕业论文预答辩意见表

工商管理系 2020 届本科毕业论文预答辩意见表

姓　名		学　号		学科专业	
论文来源		论文类型		联系方式	
论文题目				导师姓名	
导师审核意见(是否同意预答辩)： 　　　　　　　　　　　　指导教师签字：　　　　　年　月　日					
预答辩专家对学位论文不足之处的评语及修改建议(包括选题、文献综述、论文创造性、论文写作等方面,可加附页)。 预答辩结果(在相应位置打"√") 　　1. 同意评审 □　　　2. 修改后评审 □　　　3. 延期预答辩 □ 　　预答辩专家签名： 　　预答辩时间：　　　　　　年　月　日					

填表说明：1. 参加预答辩的所有专家必须签名。2. 本表填写完后两天内交系保存。

附录 3 毕业论文盲审评语表

工商管理系 2018 届本科毕业论文系内盲审评阅表

毕业设计（论文）编号：

题　目			
毕业设计（论文）评分			
评分指标	评分要素	分值	得分
选题质量	符合专业培养目标，选题的难易度、工作量、意义及应用价值。	10	
能力培养	体现查阅文献资料能力、综合运用知识能力、工程设计能力、外文应用能力等。	15	
设计研究内容	内容正确性、逻辑性、严密性等；设计方案、步骤、数据的正确性；有无独立见解等。	50	
写作水平	通篇文章概念清晰，语言通顺，结构合理，格式规范，文献引用全面、准确，评述得当。	25	
总　分			
是否同意答辩	同意答辩（　）	同意修改后答辩（　）	不同意答辩（　）
评阅意见：			

评阅专家签字：

年　　月　　日

附录 4　中期检查总结报告

工商管理系 2018 届本科毕业论文中期检查总结报告

根据学校、学院关于开展 2018 届本科毕业设计（论文）中期检查工作通知的要求，为进一步加强我系本科毕业论文管理，及时了解毕业论文工作进展情况及存在的问题，切实提高我系本科毕业论文质量。2018 年 4 月 12 日 13：30—18：00，在 910 会议室我系组织开展了本科毕业论文中期检查工作。

今年的中期检查以系自查为主，随机抽取了 12 位学生以现场答辩形式向系中期检查组汇报论文开题、论文进展、考勤、教师指导等情况；此次中期检查，覆盖面广，参加检查人数占总人数的 16%。现将检查结果通报如下：

一、总体情况

从检查情况来看，我系 2018 届毕业论文工作总体情况良好。指导教师针对毕业论文制订了详细的工作计划，按时召集学生进行论文指导和写作。绝大部分学生都能严格按工作计划开展毕业论文（设计）工作，进展较为顺利。基本可以保证在 6 月初前进行正常答辩。

二、存在的主要问题与不足

1. 部分学生对毕业论文中期检查重视不够。在检查过程中,发现有的论文资料提交不全,另有部分学生开题报告没有签名,极个别学生直到临检查前由同学告知才知道要参加中期检查。

2. 论文资料填写不规范。仍然较普遍地存在着课题审批表、任务书、开题报告、指导记录表、论文(设计)撰写格式不规范的现象。如:①任务书中的"阶段任务"填写不明确;②开题报告中的"参考文献"填写不具体,格式不规范;③"指导记录表"填写内容过于简单,出现一个老师指导的学生指导记录均相同的现象;④部分学生的论文格式不规范,文字写作基本功较差。

3. 有极个别学生论文题目与系、学院登记的题目不一致;个别结合教师科研的课题相对偏难,学生按时完成有一定的困难;部分学生与生产实际、地方经济社会发展相结合的课题比例偏低。

三、后期工作要求

1. 针对在检查中发现的问题认真做好整改工作,加强对指导教师和学生的管理,规范过程管理,保证毕业论文(设计)水平和质量。对个别未能完成阶段任务的学生,要督促其加快进度,按时完成毕业论文(设计)。答辩前,系将组织指导教师对所带的毕业论文(设计)进行一次撰写规范的检查,必须严格按照《上海理工大学毕业论文(设计)撰写规范》(教务处网站可下载)对论文(设计)进行审核;答辩小组也要对毕业论文(设计)的规范进行检查,凡是撰写不规范的,一律不能参加答辩。

2. 高度重视毕业论文(设计)题目及查重工作。学生不得擅自更改论文题目,更改论文题目需按照我系全日制本科生毕业设计(论文)管理实施细则[工商系〔毕〕(2018)01号]处理;我校已使用中国知网"大学生论文管理系统"对历届本科毕业论文(设计)进行全部检测,各指导教师应严格按照"查重"检测的要求进行操作。

附录 5　上海理工大学学生创新基金管理办法

上海理工大学学生创新基金(实践与能力培养)暂行管理办法

第一章　宗旨

第一条　为提高学生在校期间的学术研究素质,开发学生的创造思维,培养学生具有严谨的治学态度、宽广的知识面、开拓创新精神和团结协作的品质,特制定本管理办法。

第二章　组织机构与基金来源

第二条　成立以主管教学校长为主任,教务处、科研处、研究生部、学生处和团委主要负责人为委员的上海理工大学创新基金委员会。学生创新基金委员会下设办公室,办公室设在教务处,具体负责创新基金的日常管理工作。

第三条　基金来源:
(1)学校每年从事业费拨出专款 12 万元;
(2)接受社会团体和个人捐赠。

第三章　申请对象与项目要求

第四条　学生创新基金的申请者必须具备以下条件：

(1)全日制在校生(博士研究生、硕士研究生、本科生、高职生)；

(2)拥护党的领导，热爱祖国，有强烈的事业心和责任心，学术思想活跃，有开拓创新精神；

(3)研究课题内容新颖，研究方案切实可行。

第五条　研究内容：

(1)小制作，小发明，新工艺，新材料及工程应用；

(2)新概念，新思维；

(3)国民经济与社会发展的调查报告及社会发展预研等。

第六条　学生创新基金项目实行本人申请，教师推荐，择优资助的原则。申请者必须由 2 名我校教师的书面推荐，推荐者应认真介绍申请者业务素质、研究能力和工作作风。

第七条　学生创新基金的申请必须认真填写"项目申请书"，推荐者也必须在申请书上对申请内容的真实性、可靠性和经费使用安排的合理性提出明确意见。学生创新基金每年申请一次，原则上每年申请时间为 4 月 1 日至 30 日，申请书一式二份，由申请者直接交学生创新基金委员会办公室。

第八条　学生创新基金委员会对申报项目组织专家评议，经批准后，签订正式合同。

第四章　经费使用与项目管理

第九条　学生创新基金项目原则上每项资助额为 2 000～5 000 元，研究期为一年。由学生创新基金委员会办公室按项目批准经费额度制定经费使用清单，项目基金实行专款专用并严格执行财务规定。

第十条　经批准的学生创新基金项目，学生创新基金委员会办公室将不定期组织专家对项目进展情况进行检查。

第十一条　学生创新基金项目承担者应严格按正式批准的"项目申请书"规定的内容、指标进度进行工作,不得擅自改动。对无故拖延或擅自终止者将给予追回经费及对推荐者或部门追究责任。对确因不可抗拒原因需延时完成或终止的承担者必须提前写出书面报告,经所在部门领导出具证明并报基金委员会批准后,给予结题。

第十二条　项目完成后,承担者要认真提供总结报告、经费使用表和研究成果,经学生创新基金委员会审议后,方可结题。

第十三条　学校每年对创新基金成果进行总结评比,对最佳成果给予表彰并且对优秀教师给予表彰。

第五章　附则

第十四条　本办法解释权属上海理工大学学生创新基金委员会。

第十五条　本办法自批准之日起实行。

上海理工大学
2004 年 11 月 4 日

参考文献

[1]周新刚,肖小虹.工商管理学科导论[M].北京:科学出版社,2013.

[2]兰徐民.工商管理学科导论专业入门课课程专题设计探讨[J].北京邮电大学学报:社会科学版,2013(6):93—97.

[3]李曦辉.工商管理导论[M].北京:企业管理出版社,2015.

[4]鄢奋.企管类课程参与式教学项目设计与实施[M].北京:经济管理出版社,2017.

[5]王海滋,张雷,徐娜.工商管理类毕业论文写作指引[M].武汉:华中科技大学出版社,2008.

[6]姚世斌,彭宇霞,潘艳,等.基于学术规范的本科毕业论文质量评价体系建设[J].高教探索,2016(S1):98—99.

[7]钱兵.本科生毕业论文存在的问题分析及改进策略[J].江苏高教,2017(10):60—63.

[8]胥悦红.推进工商管理专业实践教学改革的策略[J].民族教育研究,2007,18(4):52—57.

[9]宋光兴,杨萍芳.合作性学习理论及其在管理类课程案例教学中的应用[J].云南财经大学学报,2005,21(1):243—247.

[10]王陆萱.工商管理类本科生社会研究能力培养探析[J].高等工程教育研究,2002(5):78—80.

[11]权聪娜,焦伟伟.工商管理类本专科教学模式改革探讨[J].河北农业大学学报:农林教育版,2007(4):4—7.

[12]孔令夷.工商管理专业集中实践环节教学改革的探讨[J].西安邮电大学学

报,2011,16(3):145—148.

[13]米传民,张婷. 基于学生能力需求的工商管理专业课程改革方案设计[J]. 南京航空航天大学学报:社会科学版,2013,15(4):90—93.

[14]王鲁捷. 工商管理专业创新型管理人才培养模式实践研究[J]. 中国高教研究,2003(3):88—89.

[15]褚衍昌. 工商管理专业实践教学体系优化研究[J]. 中国民航大学学报,2012,30(5):60—64.

[16]魏农建. 基于工商管理教育实践的教育供给侧改革的内在逻辑[J]. 上海管理科学,2017,39(1):121—125.

[17]宋晟欣,雷霞. 双一流背景下工商管理基本理论与实践应用研究[J]. 化工进展,2020,39(6):493—493.

[18]于茂荐,鲁虹. 市场营销学课程思政实施探索[J]. 营销界,2020(38):89—90.

[19]沈莉,钟翔. 自媒体传播机制下的高校模拟教学探讨——以"Chinese Business"课程建设为例[J]. 上海理工大学学报:社会科学版,2020,42(2):189—195.

[20]周洋,何建佳,潘家城. 高等教育中外合作办学有效性评价研究[J]. 教育现代化,2019,6(96):209—211+219.

[21]田颖,刘毅,何建佳,宋筱颖. 在线平台师生互动及自我调节能力对学习绩效的影响[J]. 高等职业教育探索,2020,19(5):52—58.

[22]韩彤雨,何建佳. 新工科背景下的物流与供应链管理教学研究[J]. 物流科技,2020,43(3):175—177.

[23]潘玲颖,何建佳,樊怡菁. 新工科背景下的课程思政教学探索——以"人工智能与智能制造"课程为例[J]. 创新创业理论研究与实践,2020,3(22):55—56+59.

[24]Sergis S, Sampson D G, Pelliccione L. Investigating the impact of Flipped Classroom on students' learning experiences: A Self-Determination Theory approach [J]. Computers in Human Behavior,2018,78(1):368—378.

[25]Eleftherios K. Soleas, Mary A. Code. Practice Teaching to Teaching Practice: An Autoethnography of Early Autonomy and Relatedness in New Teachers. 2020,10(2):256—275.

[26]Kassens K A. Theory vs. practice: Teaching undergraduate econometrics. 2019,50(4):367—370.